Ce livre appartient à

Puzzle 1

B	F	P	K	O	F	O	L	B	R	N	R
C	U	K	A	F	O	Z	T	H	B	I	D
X	Z	O	E	P	E	N	T	R	R	Q	E
A	E	L	P	T	O	I	C	T	B	X	L
N	E	O	I	A	D	E	I	L	N	C	I
F	Y	T	L	U	T	R	S	O	E	H	R
B	E	M	J	O	P	E	S	I	L	E	E
P	M	S	P	S	U	I	R	S	E	R	X
X	V	Q	E	H	A	P	B	N	F	I	Y
D	S	K	T	S	E	A	M	H	E	X	V
W	C	A	L	Y	P	S	O	Z	F	L	J
B	P	S	D	V	I	T	A	L	I	T	E

CALYPSO	CHERI	DELIRE
ESPRIT	FELE	FOL
JUDITH	LOUP	NYMPHE
ONCLE	PATERNEL	PETITE
POESIE	SAISON	VITALITE

Puzzle 2

O	M	A	N	I	M	A	L	H	G	H	W
P	T	M	X	N	F	C	A	L	I	C	E
A	P	V	R	B	A	N	A	N	E	X	U
P	F	O	G	O	X	Q	A	M	S	L	D
A	E	Z	R	G	X	M	I	B	O	Y	P
Y	P	K	B	T	A	Z	D	F	C	R	A
E	I	D	J	M	E	Q	D	G	I	I	L
I	S	E	I	Y	T	R	A	C	A	S	I
I	O	J	S	A	Z	A	R	T	L	M	U
Z	D	E	R	D	N	D	W	C	E	E	R
Q	E	O	O	M	I	E	I	M	O	G	E
W	W	J	Q	O	F	N	N	L	T	X	G

ANIMAL
DARWIN
LYRISME
PAPAYE
TRACAS

BANANE
DIANE
MAMAN
PORTER

CALICE
EPISODE
PALIURE
SOCIALE

Puzzle 3

B	M	A	T	R	O	N	E	F	Y	Y	C
Q	V	X	D	Y	S	L	E	X	I	E	A
S	C	O	N	J	U	G	A	L	J	G	V
C	E	C	B	H	H	R	O	M	E	O	E
I	D	O	L	I	M	B	E	M	H	L	N
T	O	U	E	P	P	A	M	U	U	V	T
R	T	R	T	O	V	E	B	S	M	P	U
O	N	T	S	U	F	K	P	T	A	L	R
N	B	E	S	R	U	A	P	M	N	C	E
U	G	U	A	R	C	P	I	X	I	G	M
S	O	U	P	I	R	A	N	T	T	B	X
M	W	I	R	A	C	O	N	T	E	R	B

AVENTURE
CITRON
DOT
HUMANITE
POURRI

BLET
CONJUGAL
DYSLEXIE
LIMBE
RACONTER

CAPSULE
COURTE
FEMME
MATRONE
SOUPIRANT

Puzzle 4

W	P	O	I	V	R	E	F	C	F	S	F
W	C	X	O	E	T	T	G	A	A	U	Z
C	R	A	L	O	K	U	S	C	M	I	P
K	D	U	D	S	Y	T	T	T	I	V	U
A	A	C	V	R	H	E	N	I	L	A	L
G	C	Q	V	D	E	U	P	V	L	N	S
D	S	O	N	U	Z	R	Y	I	E	T	I
F	V	O	Q	O	A	F	T	T	Q	E	O
S	K	V	N	U	D	O	Z	E	I	U	N
L	R	S	N	N	I	I	A	J	Z	S	E
A	D	M	F	A	E	N	R	G	C	U	Y
N	S	U	T	R	I	N	C	E	S	T	E

ACTIVITE
FAMILLE
INCESTE
PULSION
TUTEUR

CADRE
FOI
PIQUE
SONNE

COQUIN
GAULER
POIVRE
SUIVANTE

Puzzle 5

H	Y	C	B	A	M	Y	X	S	F	N	P
Q	P	P	M	I	R	B	O	N	I	I	M
D	I	O	Z	H	K	D	E	H	N	V	A
E	T	U	D	X	R	N	E	B	Q	R	L
X	I	M	Y	L	O	W	D	N	E	E	H
T	E	O	T	P	E	D	E	H	T	S	E
E	O	N	I	S	N	F	L	P	V	S	U
N	O	R	P	A	V	X	I	S	E	E	R
U	F	M	L	V	G	Q	C	T	I	U	N
E	E	G	Q	H	Y	Q	E	A	H	O	J
T	S	X	L	C	U	I	B	R	O	Z	O
B	Q	W	D	H	P	O	Z	G	P	O	E

ARDENT
DELICE
GLAND
PIETE
TEMPS

BAIE
EXTENUE
IVRESSE
PITIE

BEBE
FRIPON
MALHEUR
POUMON

Puzzle 6

Z	R	P	E	R	T	U	R	B	E	G	S
H	T	M	A	B	O	U	L	E	F	N	D
N	S	K	D	B	B	O	H	E	M	E	E
G	W	O	R	A	N	G	E	R	U	R	R
P	E	N	S	I	O	N	E	N	J	P	A
S	E	R	V	A	N	T	E	R	B	E	N
A	N	N	E	E	S	E	E	E	U	L	G
L	U	G	L	E	E	I	Y	C	I	U	E
S	L	X	C	I	E	O	W	I	R	R	V
K	L	N	D	F	Y	X	W	T	I	E	T
H	I	I	A	G	N	A	T	Q	S	Z	V
W	M	C	N	J	A	C	Q	U	I	E	R

ANNEE
DERANGE
JACQUIER
ORANGER
PERTURBE
BOHEME
INCESTE
MABOULE
PELURE
RECIT
CAFEIER
IRIS
MIDI
PENSION
SERVANTE

Puzzle 7

I	Y	R	L	C	L	W	D	A	M	M	O
A	G	A	E	M	A	D	O	P	T	I	F
Y	C	V	V	A	E	X	I	A	A	N	U
X	A	I	I	O	L	C	F	O	G	A	W
T	A	R	D	N	C	I	H	I	R	X	T
P	G	R	B	I	F	A	T	A	L	E	W
F	O	E	B	U	T	I	T	E	N	S	O
Q	N	E	W	R	S	E	N	E	K	T	B
J	J	K	T	Y	E	T	K	I	F	J	E
B	H	C	D	E	T	A	E	X	X	V	L
J	U	C	U	B	L	E	S	S	E	S	L
A	A	C	R	O	Y	A	N	C	E	Y	Z

ACIDITE
ARBRE
BLESSES
INFINI
REALITE

ADOPTIF
ARBUSTE
CROYANCE
MECHANTE

AKENE
AVOCAT
FILS
POETE

Puzzle 8

N	U	T	E	R	U	S	F	U	E	P	J
J	C	O	L	E	T	T	E	U	Z	B	L
E	J	V	R	E	E	T	Q	S	D	O	I
A	X	E	N	R	E	O	H	W	B	U	B
C	D	R	G	N	T	L	Z	E	P	R	E
C	T	O	U	C	U	A	E	N	S	G	R
O	E	R	M	O	R	C	N	E	B	E	T
U	P	L	B	E	Z	B	C	L	E	O	E
C	O	A	H	P	U	T	E	K	H	N	R
H	M	A	R	I	V	A	U	X	O	C	A
E	K	D	P	D	V	I	A	N	D	E	K
T	F	I	L	I	A	L	D	K	G	U	D

ACCOUCHE	BOURGEON	COLETTE
FILIAL	HERA	LIBERTE
MABOUL	MARIVAUX	OGRE
PRUNE	PUTE	THESEE
TOQUE	UTERUS	VIANDE

Puzzle 9

P	B	H	B	E	R	C	E	U	S	E	O
Y	A	W	M	K	R	R	E	L	T	D	F
A	P	N	Z	U	I	L	E	S	G	E	I
W	S	P	G	N	L	C	I	E	T	E	L
C	X	X	E	E	O	N	M	N	I	R	L
O	Q	V	Z	C	O	R	A	S	U	S	E
R	A	N	E	D	A	D	U	E	V	G	T
Z	O	R	A	H	I	O	V	Q	E	P	T
D	P	M	C	Q	L	A	T	N	D	C	E
Y	E	R	A	A	S	J	A	Y	X	K	K
K	D	A	J	N	F	M	I	E	Q	M	W
C	R	E	A	T	U	R	E	F	E	S	T

ADONIS
BERCEUSE
DANTE
JALOUSIE
ROMAN
ANGE
CHARME
DONZELLE
MANEGE
SAVEUR
AVENIR
CREATURE
FILLETTE
PRECOCE

Puzzle 10

T	P	M	I	N	E	U	R	E	P	K	D
H	O	C	W	U	A	I	K	R	I	W	M
L	E	P	R	E	U	X	W	O	Q	D	S
C	R	E	R	P	R	O	D	I	G	E	E
O	K	U	O	S	I	R	I	S	C	R	I
C	S	P	D	K	X	U	X	E	T	A	P
O	X	C	S	E	E	I	D	T	C	J	R
T	V	R	L	V	W	W	A	Q	O	T	U
I	V	M	E	Y	J	B	X	S	Q	G	N
E	K	N	N	A	A	W	I	P	U	A	E
R	L	M	A	R	E	L	L	E	E	U	A
J	D	V	V	V	A	C	A	N	C	E	U

ABATTRE
DECES
MINEURE
PRODIGE
SUREAU

COCOTIER
LEPREUX
NEVEU
PRUNEAU
VACANCE

COQUE
MARELLE
OSIRIS
RUDE

Puzzle 11

Z	J	K	D	J	Q	I	O	O	M	Q	Z
R	M	T	U	U	D	T	C	G	R	V	A
N	L	S	O	F	R	K	E	D	I	J	G
T	Y	N	Q	G	A	S	A	E	Z	E	A
R	M	O	D	C	M	J	N	G	L	F	M
A	A	R	D	H	E	I	Y	A	V	D	I
G	C	E	F	A	D	A	P	X	V	S	N
E	E	I	T	R	T	E	C	H	U	R	E
D	R	N	N	I	S	T	H	A	L	F	E
I	E	E	X	T	J	U	E	V	Y	A	F
E	R	Q	X	E	P	G	C	A	T	I	N
Q	K	Q	M	K	V	I	E	R	G	E	B

CATIN
DATTE
GAMINE
PALE
VIERGE

CHARITE
DRAME
MACERER
REINE

CHŒUR
FADA
OCEAN
TRAGEDIE

Puzzle 12

K	X	K	S	U	Z	A	N	N	E	V	L
L	S	V	E	D	A	U	P	H	I	N	O
K	N	U	X	F	J	N	U	N	X	M	Q
H	L	Q	P	N	I	U	K	W	L	H	Y
E	C	G	P	L	U	L	J	T	C	U	N
R	K	E	E	I	A	E	L	U	V	T	R
I	A	P	I	S	T	I	L	E	B	M	O
T	K	N	U	T	I	L	S	E	R	E	S
I	I	Y	E	K	I	J	N	I	W	H	I
E	I	V	H	K	H	I	T	Q	R	C	E
R	A	J	R	Q	A	E	A	G	D	S	R
B	T	R	U	F	F	A	U	T	W	Q	E

AINE
FILLE
KAKI
ROSIERE
BAVETTE
HERITIER
PISTIL
SUZANNE
DAUPHIN
JUJUBE
PLAISIRS
TRUFFAUT

Puzzle 13

Z	P	B	L	S	C	U	X	W	D	N	W
M	G	R	U	Y	I	H	X	H	V	K	G
P	A	S	O	G	H	N	E	D	Z	X	P
X	M	O	Y	D	C	O	T	T	Q	K	E
T	I	H	A	M	R	A	S	E	I	Z	G
F	N	P	E	U	P	A	L	P	R	F	Y
V	E	N	U	S	T	T	G	M	I	E	A
C	O	U	R	A	G	E	O	E	A	C	T
G	F	F	J	L	E	G	U	M	E	N	E
Z	L	H	O	I	X	Y	X	R	E	L	T
Z	S	C	L	U	P	A	P	O	O	S	E
Q	B	E	R	C	E	A	U	J	H	H	V

AUTEUR
CHETIF
FOU
INTERET
SYMPTOME
BERCEAU
COURAGE
GAMIN
LEGUME
VENUS
CALMANT
DRAGEE
HOSPICE
PAPOOSE

Puzzle 14

Y	O	P	D	M	X	A	Z	K	O	L	M
H	A	S	R	X	R	T	Z	E	M	X	H
Q	M	Y	E	E	A	S	L	T	U	R	B
I	C	P	F	U	N	G	H	R	A	S	J
S	U	F	Q	R	E	O	U	I	R	V	S
J	A	M	Q	R	A	E	M	L	A	A	A
O	U	U	E	C	B	T	F	O	G	L	C
K	R	D	V	A	O	G	R	G	O	E	R
S	B	H	L	A	Z	T	R	I	N	R	I
P	L	O	D	M	G	M	O	E	E	I	F
X	A	M	A	N	D	E	A	N	M	E	I
O	N	A	I	T	R	E	F	K	E	R	E

AMANDE	ARAGON	COTON
DEREGLE	FRATRIE	JUPE
KUMQUAT	LABEUR	NAITRE
PRENOM	SACRIFIE	SAUVAGE
TRILOGIE	VALERIE	ZEUS

Puzzle 15

C	W	K	A	D	I	E	U	E	T	E	E
Z	E	O	V	H	R	W	A	C	I	Q	O
T	O	C	U	E	A	I	A	L	P	N	D
N	T	S	P	N	L	T	A	C	O	E	E
P	R	O	O	Q	N	S	E	N	S	L	S
A	O	L	I	O	O	R	G	S	E	I	S
S	U	I	C	R	I	O	E	D	O	T	E
S	B	V	N	A	R	B	I	T	A	C	R
I	L	E	T	T	B	A	R	M	G	H	T
O	E	E	J	A	N	U	I	O	U	I	O
N	H	G	V	A	O	O	H	D	C	H	U
S	Z	N	D	C	J	J	S	F	E	I	Y

ABBESSE
DANAIDE
LITCHI
PERE
TROGNON

CONTACT
DESSERT
OLIVE
RAIDE
TROUBLE

COURTOIS
HETAIRE
PASSION
ROSALIE

Puzzle 16

P	N	R	S	L	S	F	L	R	M	Q	O
X	A	R	O	M	E	O	H	S	A	R	M
F	S	A	K	J	I	U	Y	O	I	F	O
S	O	A	T	O	D	T	R	S	L	E	U
O	L	V	B	E	G	R	L	T	P	C	R
U	E	I	M	E	T	E	P	T	W	U	A
F	C	A	O	B	P	A	O	Y	Z	R	N
F	T	G	R	L	R	R	M	D	K	A	T
L	U	E	A	A	A	L	E	I	L	N	G
E	R	R	L	S	U	G	F	U	N	T	B
M	E	E	V	E	L	U	Z	H	V	E	B
U	H	I	P	P	O	L	Y	T	E	E	C

AROME
EPREUVE
HIPPOLYTE
MORAL
SOUFFLE
BLASE
ETAMINE
LECTURE
MOURANT
VIAGER
ECŒURANT
FOUTRE
MAI
RAPT

Puzzle 17

S	L	S	D	Z	C	R	S	S	K	Z	O
P	T	R	A	G	Y	V	W	O	A	C	F
T	A	L	E	G	I	H	H	P	U	H	G
R	W	R	L	N	E	A	Z	H	Z	E	X
I	N	G	T	J	D	B	J	I	Y	U	E
S	F	E	E	A	J	R	O	E	A	R	A
T	J	U	N	N	G	U	E	X	I	E	R
E	T	C	G	E	E	E	L	O	X	U	T
S	S	V	H	U	T	S	P	I	O	X	E
S	U	M	E	E	E	T	E	G	E	E	M
E	J	P	W	C	A	R	E	S	S	E	I
L	Y	S	O	M	M	E	I	L	L	Z	S

ARTEMIS
GENESE
NENETTE
RENDRE
SOPHIE
CARESSE
HEUREUX
PARTAGE
SAGE
TRISTESSE
FUGUER
JULIE
POIRE
SOMMEIL

Puzzle 18

G	Y	N	M	I	N	O	T	Y	C	A	E
P	O	N	M	E	U	R	T	R	E	T	P
L	X	W	T	C	B	T	E	U	G	J	R
E	Y	W	S	C	N	S	O	Z	I	E	C
N	C	Y	F	A	I	D	G	I	T	O	R
F	E	Q	M	A	R	F	O	U	T	U	E
A	R	A	B	U	T	T	O	O	N	E	C
N	I	C	S	G	O	G	B	G	T	E	H
T	S	S	N	L	M	J	P	N	V	L	E
V	E	U	E	K	A	S	O	D	C	C	G
I	V	H	D	L	T	B	B	I	X	K	C
U	F	N	M	E	E	S	O	L	T	R	D

AMANT
CERISE
FOUTU
MINOT
TOMATE

BAISER
CRECHE
GOUTER
SEL

BONTE
ENFANT
MEURTRE
SURDOUE

Puzzle 19

S	T	P	A	U	V	R	E	D	J	Y	D
O	N	E	F	L	I	E	R	X	N	W	O
L	F	O	R	C	E	A	R	Z	D	G	E
I	L	T	R	A	N	C	H	E	F	W	I
T	P	U	S	W	P	E	T	I	T	G	D
U	E	L	E	M	M	A	T	E	E	A	E
D	D	Q	U	W	H	I	L	V	L	I	M
E	I	T	E	E	N	L	G	V	V	E	E
R	A	Z	H	G	O	F	E	U	B	T	T
K	T	G	O	F	M	W	W	H	S	E	E
J	R	C	Q	L	M	B	O	J	Y	C	R
Y	E	E	A	S	E	O	A	I	A	X	D

COGNITIF
FOLLE
MME
PEDIATRE
TRANCHE

DEMETER
FORCE
NEFLIER
PETIT

EMMA
GAIETE
PAUVRE
SOLITUDE

Puzzle 20

T	I	U	C	A	D	E	T	T	E	C	L
M	Q	S	A	U	V	A	G	E	L	O	P
N	P	Y	D	O	D	K	D	Q	O	Z	G
U	C	S	E	S	R	R	W	R	N	G	M
L	E	P	K	E	A	T	U	B	P	H	E
O	L	O	T	U	S	O	P	P	O	H	D
U	F	V	O	Y	T	G	G	G	E	E	E
L	J	D	C	E	N	U	N	B	C	P	C
O	E	J	R	O	U	I	E	B	D	U	I
U	G	E	L	S	D	M	R	S	C	I	N
H	C	B	C	M	I	X	L	V	W	S	S
Y	O	I	N	L	O	C	C	U	P	E	R

CADETTE
EDOUARD
LOTUS
OBLONG
SAUVAGE

DINGO
EPUISE
LOULOU
OCCUPER

DRUPE
LIME
MEDECIN
RETOUR

Puzzle 21

I	V	X	P	M	M	M	I	E	L	S	N
A	M	T	O	U	R	M	E	N	T	A	M
K	P	E	R	S	E	E	S	P	A	D	A
G	A	T	E	U	X	N	I	T	I	O	L
S	U	O	R	L	E	A	N	S	M	R	I
I	U	T	M	S	Z	B	C	I	E	A	N
G	S	I	C	P	Y	L	E	M	R	B	G
U	F	R	C	L	J	A	R	M	V	L	R
G	X	Y	A	I	G	N	I	K	I	E	E
Z	H	E	P	C	D	C	T	S	C	B	I
N	D	X	Q	Y	R	E	E	R	I	U	R
I	G	C	B	W	M	O	Z	P	E	M	W

ADORABLE
GATEUX
MIEL
SENS
TOURMENT

AIMER
IDEAL
ORLEANS
SINCERITE
VICIE

BLANC
MALINGRE
PERSEE
SUICIDE

Puzzle 22

B	K	K	T	R	A	I	T	E	R	S	I
V	C	H	L	D	T	P	G	B	I	H	Z
I	R	A	K	J	D	E	O	Q	W	M	O
S	U	X	K	B	X	M	T	U	O	Y	S
A	M	D	E	E	U	Y	D	I	P	W	T
G	E	A	K	G	I	R	H	N	N	O	E
E	N	T	O	R	O	T	E	O	W	E	N
E	E	T	A	E	Y	I	H	I	D	P	D
X	L	I	C	V	U	L	S	X	J	W	H
M	A	E	X	E	D	L	L	T	D	B	A
M	S	R	U	E	X	E	C	S	E	N	L
L	O	Y	A	U	T	E	N	O	R	A	U

CAKE
LOYAUTE
NOIX
STENDHAL
VISAGE

DATTIER
MENELAS
POUPON
TETINE

EGOISTE
MYRTILLE
REVEE
TRAITER

Puzzle 23

A	I	Z	O	O	P	H	I	L	E	B	J
S	P	H	E	D	R	E	P	B	Y	Q	N
E	A	N	Y	M	I	P	E	V	Y	N	D
C	A	A	T	T	N	P	R	X	C	C	A
R	G	L	I	U	E	X	I	B	L	N	M
E	A	M	T	L	W	V	L	S	I	P	O
T	A	R	E	E	D	E	P	T	E	T	U
Z	Z	R	K	R	R	G	F	R	N	V	R
N	F	H	J	W	Q	E	X	O	T	Y	E
M	R	A	R	Q	T	T	I	N	L	Y	T
L	J	G	X	A	Y	A	D	E	P	S	T
E	U	D	Q	K	E	L	Y	D	G	I	E

ALTERE
CLIENT
PERIL
SEVE
ZOOPHILE
AMITIE
FOL
PHEDRE
TRONE
AMOURETTE
FRELE
SECRET
VEGETAL

Puzzle 24

F	V	P	A	C	A	N	I	E	R	N	S
H	S	I	L	I	Q	U	E	Y	O	E	E
L	P	P	Y	K	L	W	X	I	G	T	W
Y	B	E	L	C	Y	V	T	A	I	J	T
L	E	X	C	I	E	I	Y	N	V	R	A
P	S	O	E	T	N	R	R	Y	U	C	F
R	O	B	L	U	I	E	C	O	R	V	F
F	I	S	P	W	T	N	A	E	U	Q	E
K	N	Y	A	E	W	Y	E	N	A	P	C
T	I	M	I	D	E	Q	C	E	K	U	T
S	V	J	L	P	T	R	I	P	L	E	I
N	H	E	N	F	A	N	T	E	R	F	F

AFFECTIF
CERCEAU
PACANIER
SILIQUE
YAOURT

AGE
ENFANTER
PECTINE
TIMIDE

BESOIN
ETERNITE
PUNITION
TRIPLE

Puzzle 25

V	B	B	H	I	S	T	O	I	R	E	T
V	O	C	O	R	O	S	S	O	L	L	U
B	N	C	W	Z	U	N	N	D	J	N	J
M	H	P	U	T	A	I	N	T	O	G	L
A	E	H	E	E	C	Y	X	E	U	R	F
T	U	B	N	P	H	Z	E	X	R	I	I
E	R	A	F	R	U	R	I	T	N	P	D
R	B	P	A	O	M	L	L	A	A	P	E
N	I	T	N	U	Q	D	S	S	L	E	L
E	S	E	C	V	O	S	G	E	C	Z	I
L	O	M	O	E	V	Z	L	R	I	E	T
B	U	E	N	R	W	L	E	W	Q	X	E

BAPTEME
CHUM
EPROUVER
GRIPPE
MATERNEL

BISOU
COROSSOL
EXTASE
HISTOIRE
PUTAIN

BONHEUR
ENFANCON
FIDELITE
JOURNAL

Puzzle 26

M	G	R	E	L	U	C	H	E	R	K	C
A	B	D	S	P	A	R	E	N	T	R	C
R	E	M	Y	J	A	S	C	E	S	E	Q
A	V	I	N	L	Z	I	Z	R	J	P	S
T	M	E	M	L	O	F	M	A	R	I	E
R	N	O	C	O	U	V	E	U	S	E	U
E	N	P	B	E	A	K	E	E	N	Y	T
P	P	I	M	A	M	H	T	E	X	U	S
U	T	J	E	K	J	I	A	U	M	N	D
T	I	I	O	C	L	I	O	U	K	G	C
Y	L	S	W	A	E	T	A	W	V	L	Y
R	O	C	D	U	R	I	A	N	N	Z	K

ALITE
DURIAN
MARATRE
NIECE
VIN

ASCESE
GRELUCHE
MARIE
PARENT

COUVEUSE
LOVE
MEUF
TOUX

Puzzle 27

H	N	S	A	G	E	S	S	E	T	K	E
D	B	T	C	O	U	S	I	N	X	L	S
M	E	Z	O	Q	H	V	A	C	L	V	K
B	R	M	E	O	S	O	E	E	F	T	Z
A	G	P	O	O	E	U	B	V	D	R	J
D	E	E	S	L	S	E	A	O	E	Q	R
I	R	P	B	T	I	R	R	I	G	E	W
A	B	I	Y	V	N	M	N	L	V	Q	R
N	K	N	C	Z	T	A	K	E	I	O	K
E	Q	L	I	F	P	A	R	M	I	J	N
K	T	B	Z	S	V	C	R	C	X	B	Q
O	S	E	C	O	U	E	I	D	A	H	Z

BADIANE
BLE
DEMOLI
SAGESSE
VOUER
BELLE
COUSIN
PANIER
SECOUE
BERGER
CREVER
PEPIN
TARD

Puzzle 28

G	A	S	S	I	S	T	E	R	L	T	K
E	B	S	B	V	H	U	Y	E	A	E	V
M	Q	A	P	A	E	H	C	E	R	D	D
B	P	C	M	F	D	R	I	T	D	M	E
U	R	D	P	B	A	A	R	P	E	P	L
C	E	E	A	G	I	U	M	J	N	P	I
H	M	V	P	S	E	N	D	I	T	U	C
E	I	O	A	M	W	Y	I	W	E	U	A
N	C	T	Y	E	U	F	Z	H	D	R	T
K	E	I	E	B	I	O	L	O	G	I	E
U	S	O	R	N	A	I	S	S	A	N	T
T	X	N	F	I	G	U	I	E	R	V	V

ARDENT
BAMBIN
DEVOTION
GARCE
PAPAYER
ASSISTER
BIOLOGIE
EMBUCHE
MEURTRE
PREMICES
BADAMIER
DELICAT
FIGUIER
NAISSANT

Puzzle 29

F	L	E	G	I	T	I	M	E	V	Z	O
O	U	C	D	P	A	M	C	Q	A	L	Z
L	I	C	H	M	U	W	T	C	L	B	R
I	M	U	M	A	I	Q	Q	X	O	P	E
V	B	V	M	R	G	N	G	G	I	J	C
I	H	S	I	E	E	R	O	F	S	A	O
E	E	B	A	V	N	H	I	S	A	L	L
R	N	T	D	M	A	A	Y	N	T	O	T
L	R	P	L	O	A	N	T	M	V	U	E
M	I	E	G	D	D	R	T	T	E	X	E
C	L	H	H	J	O	O	E	Z	E	N	N
H	S	F	R	A	I	S	I	E	R	G	L

CHAGRIN
HENRI
LEGITIME
OLIVIER
VALOIS

DODO
HYMEN
MINOS
RECOLTE
VIVANT

FRAISIER
JALOUX
NATTE
SAMARE

Puzzle 30

M	J	K	C	H	I	M	E	N	E	R	L
E	L	U	F	M	A	T	H	I	L	D	E
R	D	O	B	R	A	B	K	Q	O	O	P
D	H	H	O	I	E	R	S	B	W	B	R
E	A	E	Z	D	U	J	I	C	G	F	O
U	N	E	L	E	C	O	M	E	G	I	G
X	O	F	G	O	M	B	O	B	R	D	R
E	R	F	H	M	I	X	K	A	Q	E	E
W	M	R	M	O	E	S	X	I	Y	L	S
S	A	E	R	R	X	O	E	S	F	E	Z
W	L	N	S	T	B	I	B	E	R	O	N
Z	N	E	M	E	D	E	C	I	N	E	L

ANORMAL
CHIMENE
GOMBO
MATHILDE
MORT

BAISE
EFFRENE
HELOISE
MEDECINE
PROGRES

BIBERON
FIDELE
MARIER
MERDEUX

Puzzle 31

O	M	Q	I	M	M	O	D	E	R	E	C
B	T	E	V	P	L	U	A	K	Z	U	M
O	G	U	Q	A	O	L	S	H	V	H	B
I	Q	M	V	S	M	U	L	S	E	Z	E
S	H	I	D	T	O	X	L	M	E	C	G
S	B	O	J	E	R	U	B	I	R	T	I
O	O	C	O	Q	T	R	P	O	C	J	Z
N	U	H	U	U	N	E	C	N	J	H	Z
O	D	E	E	E	E	E	E	G	U	L	E
U	E	Q	T	B	U	B	O	N	B	O	N
W	R	T	O	M	B	E	R	U	F	D	Y
L	G	L	Y	O	L	E	R	O	S	S	R

BOISSON
ECORCE
JOUET
MORT-NE
POULICHE

BONBON
EROS
LUXURE
MUSSET
TOMBER

BOUDER
IMMODERE
MIOCHE
PASTEQUE

Puzzle 32

S	A	X	T	R	O	P	I	C	A	L	G
R	C	T	O	C	E	A	N	N	E	D	Y
E	I	L	A	I	M	A	B	L	E	N	F
T	N	O	A	M	A	T	J	L	T	E	I
R	G	V	E	Z	N	F	L	N	R	M	N
A	L	V	J	E	A	E	A	E	S	V	N
I	E	W	M	O	O	R	C	L	L	I	O
T	H	I	L	M	U	N	E	I	P	R	C
E	P	S	T	D	I	N	R	T	N	U	E
M	B	I	N	S	I	E	N	F	F	S	N
E	O	E	Y	A	U	O	W	C	B	M	T
I	P	Y	F	P	H	Y	G	M	D	V	A

AIMABLE
ENDURANT
LAZARET
PUERIL
TROPICAL
ANNE
FAINE
MOELLE
RETRAITE
VIRUS
CINGLE
INNOCENT
PIMENT
SINCERE

Puzzle 33

S	B	Q	R	V	A	R	I	O	L	E	D
B	E	N	S	A	T	T	E	I	N	T	E
R	W	W	I	U	G	F	A	U	M	S	G
I	U	Y	S	R	R	I	E	L	M	F	R
E	C	S	V	E	K	V	I	W	A	P	O
V	P	A	V	J	M	F	I	M	N	R	T
E	N	L	G	A	S	A	Z	E	G	I	A
T	R	E	C	S	Z	Z	I	Y	U	S	N
E	G	O	S	O	H	W	F	N	I	O	T
B	Z	N	N	N	C	V	K	W	E	N	L
E	L	K	A	C	T	I	O	N	R	K	T
D	U	A	R	T	E	I	J	A	M	K	L

ACTION
EGROTANT
MANGUIER
SALE
VARIOLE
ATTEINT
FILM
PRISON
SEMAINE
BRIEVETE
JASON
RONCE
SURVIE

Puzzle 34

P	B	E	G	F	G	I	B	R	G	B	S
Q	G	A	V	K	S	A	Z	R	Q	G	B
B	I	E	N	S	B	W	R	U	J	A	V
L	V	E	J	M	X	A	G	C	T	L	X
E	A	P	M	U	I	I	L	E	O	A	N
Z	R	R	E	Y	S	G	B	X	E	N	O
M	I	O	N	I	Z	R	N	X	T	T	Y
C	E	M	T	L	O	O	A	O	H	E	A
V	T	E	A	S	I	S	M	A	N	R	U
Z	E	O	L	H	E	R	D	W	P	I	F
S	Z	K	V	D	A	V	G	H	U	E	G
C	N	L	D	M	H	J	E	A	L	J	R

BIEN
GARCON
MENTAL
ROMEO
VARIETE
DESAXE
JUS
MIGNON
SEVE
GALANTERIE
MARMOT
NOYAU
SORBET

Puzzle 35

P	Y	H	W	D	M	F	C	B	G	A	U
S	A	S	E	V	R	E	H	T	U	J	I
A	N	K	U	T	Y	B	P	E	E	E	N
C	G	T	S	D	I	E	Z	N	R	P	F
R	E	T	E	A	C	G	W	D	I	R	I
I	Y	A	X	N	I	H	E	R	S	O	D
F	X	A	M	F	D	G	A	E	O	D	E
I	L	Q	Z	O	L	R	N	N	N	U	L
E	I	M	Y	F	U	O	E	E	T	I	I
R	Z	Z	T	E	N	R	R	S	E	T	T
S	E	J	V	E	U	F	D	A	S	F	E
W	F	X	W	D	G	Y	Q	F	L	E	P

AMOUR
FLORAL
PRODUIT
SEVRE
TIGE
ANGE
GUERISON
SACRIFIER
TENDRE
VEUF
CHANT
INFIDELITE
SAIGNEE
TENDRESSE

Puzzle 36

L	O	U	I	S	E	Z	E	R	Z	X	B
X	L	A	X	S	B	H	E	L	E	N	E
I	I	H	N	U	I	I	Y	G	L	F	W
T	Q	S	P	J	W	G	A	X	M	L	R
D	U	A	A	M	O	I	N	V	H	E	V
O	E	R	L	N	R	U	X	E	R	U	E
C	U	M	B	A	I	D	O	T	E	R	N
T	R	E	M	R	D	M	U	Z	I	E	T
E	G	N	X	C	O	E	A	J	A	T	O
U	Q	T	V	F	R	K	M	L	G	T	U
R	J	T	O	P	I	Q	U	E	V	E	S
V	E	R	O	T	I	S	M	E	G	Y	E

ANIMAL
DOTER
HELENE
MARIAGE
TOPIQUE

ANJOU
EROTISME
LIQUEUR
SARMENT
VENTOUSE

DOCTEUR
FLEURETTE
LOUISE
SIGNE

Puzzle 37

C	R	W	C	A	M	A	R	A	D	E	A
A	L	E	N	M	I	R	A	C	L	E	I
Q	I	T	B	H	P	C	O	I	N	G	T
G	S	H	V	E	D	F	J	C	E	U	O
E	A	D	P	V	L	E	Z	D	E	X	E
L	C	R	B	U	U	L	N	F	U	S	U
I	I	X	X	G	D	O	E	M	G	S	Q
S	Q	A	I	T	L	I	F	R	E	U	D
A	G	T	T	B	D	M	Q	I	N	F	P
A	A	S	U	N	B	V	Y	U	I	B	B
F	C	O	N	I	F	E	R	E	E	H	R
E	N	F	A	N	T	I	N	Y	G	J	A

BLONDE
CONIFERE
EUGENIE
LISA
REBELLE

CAMARADE
ELISA
FATIGUE
MIRACLE

COING
ENFANTIN
FREUD
PUDIQUE

Puzzle 38

P	O	S	E	I	D	O	N	B	L	T	B
X	Z	B	Y	G	Z	E	L	B	C	F	T
A	P	W	V	O	R	P	N	F	U	C	P
T	A	T	E	D	G	P	A	G	I	U	A
M	O	L	N	J	E	E	B	A	S	L	S
A	U	E	M	D	C	F	R	J	I	T	S
U	T	O	Q	J	O	A	M	M	N	I	E
V	N	G	T	P	L	L	G	L	E	V	F
A	T	Z	O	C	I	C	L	N	B	E	Q
I	X	G	A	T	E	A	U	X	E	V	O
S	O	U	F	F	R	A	N	C	E	S	H
K	H	W	D	W	O	A	C	I	D	E	S

ACIDES
CULTIVE
GERME
POSEIDON

AGNES
ECOLIER
MAUVAIS
SOUFFRANCE

CUISINE
GATEAUX
PASSE
TENDRE

Puzzle 39

P	I	N	T	R	I	G	U	E	N	I	K
G	B	H	B	V	I	T	A	L	Z	F	F
Z	X	P	U	N	E	R	E	I	D	E	R
S	C	H	A	S	T	E	G	J	H	L	P
E	M	L	G	O	S	S	E	S	Y	A	O
I	A	F	O	H	A	I	N	E	M	D	T
G	L	G	X	L	W	R	R	O	O	Y	A
N	A	O	F	H	B	U	V	E	I	A	G
E	D	V	X	N	E	E	E	Z	N	B	E
U	I	Y	T	N	T	C	F	Z	E	W	R
R	E	R	I	A	N	P	F	E	V	E	E
B	U	M	G	I	C	H	A	R	N	U	S

CHARNU	CHASTE	FEVE
GATE	GOSSE	HAINE
INTRIGUE	LADY	MALADIE
MINEUR	MOINE	NEREIDE
POTAGER	SEIGNEUR	VITAL

Puzzle 40

Z	V	H	C	O	U	S	I	N	E	E	W
S	V	D	U	V	E	T	W	I	L	A	A
A	R	C	X	J	B	A	X	F	Z	A	L
L	A	F	O	L	I	E	E	B	A	U	L
U	N	K	Z	S	S	N	P	L	M	S	A
T	I	I	H	F	W	K	B	O	A	T	I
W	M	N	P	S	T	K	V	Y	N	E	T
V	E	F	A	O	W	U	J	Q	T	R	E
L	R	A	T	J	F	M	S	H	E	E	R
F	C	N	X	V	O	L	A	I	L	L	E
K	S	T	E	X	C	U	P	I	D	O	N
H	F	R	I	M	O	U	F	L	E	T	W

ALLAITER
COUSINE
FOLIE
MOUFLET
SALUT

AMANTE
CUPIDON
FŒTUS
NEFLE
VOLAILLE

AUSTERE
DUVET
INFANT
RANIMER

Puzzle 41

T	C	B	C	B	V	N	M	T	F	U	K
S	H	C	J	X	P	S	I	N	E	S	G
O	A	Z	A	N	F	F	E	N	W	V	O
I	S	S	Y	R	N	L	G	O	L	I	T
G	T	A	E	O	O	A	A	T	I	O	H
N	E	Q	C	M	P	U	E	M	Q	L	E
A	H	G	E	M	E	V	B	Z	M	E	R
N	X	E	O	G	E	N	B	E	E	E	A
T	F	C	N	H	Z	Z	C	T	A	S	P
X	I	J	C	E	T	M	N	E	D	Q	I
K	D	I	A	C	H	A	R	N	E	L	E
I	N	C	O	N	S	T	A	N	C	E	P

CAROUBE
CHEVET
FEE
SANTE
THERAPIE
CHARNEL
COMPAGNE
FLAMME
SEMENCE
VIOLEES
CHASTE
CONFIT
INCONSTANCE
SOIGNANT

Puzzle 42

L	U	G	R	I	I	P	X	E	P	E	M
A	V	A	N	I	L	L	E	X	T	F	F
N	T	W	A	Y	C	H	M	L	U	A	P
E	C	R	H	N	R	A	U	C	R	M	A
C	L	L	I	R	I	D	D	A	O	O	F
D	S	H	A	S	A	M	I	E	N	U	F
O	J	I	C	S	T	P	E	O	T	R	E
T	D	M	E	C	M	A	C	R	R	E	C
E	F	A	I	A	R	E	N	Y	M	U	T
X	O	M	H	I	L	X	L	A	L	X	I
J	Q	C	J	J	O	R	A	N	G	E	V
C	P	Z	P	E	N	C	H	A	N	T	E

ADULTE
AMOUREUX
CADET
LECON
TRISTAN

AFFECTIVE
ANECDOTE
CHAMPI
ORANGE
VANILLE

AME
ANIMER
DIARRHEE
PENCHANT

Puzzle 43

D	F	B	C	V	E	F	N	L	X	I	Y
E	J	F	A	T	B	P	M	U	L	G	N
M	I	R	N	N	R	G	E	T	O	V	J
O	P	A	J	X	A	H	P	I	K	H	B
R	L	M	R	E	M	N	R	N	C	O	E
P	M	O	U	R	I	R	I	A	Q	R	V
I	A	L	M	L	F	H	S	E	D	A	V
O	L	I	L	D	O	E	Y	N	R	C	A
N	A	E	K	G	B	B	E	M	A	E	O
S	D	R	V	D	M	G	P	C	E	Y	P
D	E	E	C	H	A	R	M	E	C	N	H
L	G	C	D	A	U	T	I	S	T	E	E

AUTISTE
FEE
HYMEN
MEPRIS
MOURIR
BANANIER
GENDRE
LUTIN
MOLIERE
PLANTE
CHARME
HORACE
MALADE
MORPION

Puzzle 44

N	Z	C	O	U	R	E	U	S	E	M	R
T	Q	J	M	E	D	E	C	I	N	K	S
O	F	P	O	U	L	E	T	T	E	E	N
J	P	Q	X	B	L	I	N	Y	E	Q	J
C	V	E	V	C	E	A	F	R	Y	M	E
I	L	I	Y	R	F	A	U	A	R	A	S
F	W	C	G	N	U	D	U	I	U	R	U
A	E	A	E	N	H	A	B	T	P	I	S
Q	D	M	J	G	E	R	M	F	E	A	E
N	S	O	M	L	V	K	N	A	F	G	M
F	Q	U	J	E	W	M	X	S	N	E	H
X	A	R	X	I	A	K	J	Z	L	T	G

AMANT
COUREUSE
ENFANT
MARIAGE
VIGNE
AMOUR
CYCLE
FEMME
MEDECIN
BEAUTE
DUREE
JESUS
POULETTE

Puzzle 45

R	K	X	W	P	I	L	S	I	P	A	T
Q	T	E	G	A	L	A	T	E	E	I	R
T	O	P	K	N	F	A	C	O	N	U	A
A	U	I	J	D	F	V	J	T	V	Y	I
A	S	C	E	A	O	E	V	X	O	K	N
I	S	E	U	N	R	N	I	D	L	E	E
M	E	S	N	U	T	A	Z	R	U	N	E
A	R	X	E	S	U	L	V	A	P	F	I
N	R	J	H	O	N	L	I	M	T	A	J
T	P	H	V	U	E	A	V	U	E	N	A
X	X	U	P	U	B	E	R	T	E	C	R
T	K	S	I	N	T	I	M	I	T	E	P

AIMANT
FACON
INTIMITE
PUBERTE
VENAL
ENFANCE
FORTUNE
JEUNE
TOUSSER
VOLUPTE
EPICES
GALATEE
PANDANUS
TRAINEE

Puzzle 46

D	E	C	L	A	R	A	T	I	O	N	A
G	U	F	Q	A	D	Q	S	C	U	A	F
J	E	U	R	M	V	U	G	V	U	M	G
E	A	N	M	U	L	E	L	C	P	I	E
R	N	N	E	I	I	A	U	T	N	M	N
O	L	M	T	R	G	T	D	G	E	H	I
D	P	P	O	I	O	N	N	R	L	Y	T
R	A	O	Q	M	G	S	A	S	E	E	U
I	H	T	H	F	E	O	I	R	M	N	R
G	O	I	A	K	Z	J	N	T	D	E	E
U	B	O	Y	V	H	L	H	E	E	U	S
E	G	N	M	A	I	L	L	O	T	W	H

ADULTE
AVEUGLE
GENEROSITE
LADRE
MOME
AMI
DECLARATION
GENITURE
MAILLOT
POTION
ANTIGONE
FRUIT
JEU
MIGNARD
RODRIGUE

Puzzle 47

G	A	D	O	P	T	I	O	N	W	G	N
G	L	O	I	R	E	G	X	P	U	Y	N
S	F	E	L	P	L	E	U	R	A	N	T
F	L	X	P	B	N	A	M	W	E	L	N
D	Y	P	I	R	E	W	G	T	Z	I	E
C	J	R	U	L	F	C	M	Z	C	E	P
H	P	I	P	J	A	O	A	C	L	C	I
A	D	M	I	E	C	R	A	L	B	U	D
R	L	E	O	A	F	V	D	T	M	R	E
L	P	R	X	N	R	G	A	O	F	E	M
E	W	Q	F	N	A	R	Y	H	N	R	I
S	N	Q	D	E	S	A	M	O	U	R	E

ADOPTION
COMTE
ECCŒURER
GLOIRE
PLEURANT
CALME
DESAMOUR
EPIDEMIE
JEANNE
VACCIN
CHARLES
DIURNE
EXPRIMER
LARDON

Puzzle 48

G	B	O	N	H	O	M	M	E	D	N	N
C	M	A	S	Q	U	E	K	E	E	O	J
I	I	P	N	A	L	P	N	I	B	B	Q
N	X	I	H	T	I	A	Q	Y	I	S	P
F	T	T	B	L	I	S	Q	Q	L	E	D
I	H	A	Z	R	H	R	O	A	E	D	Z
R	E	Y	A	C	Z	E	W	N	W	E	D
M	S	A	U	C	U	I	U	C	Z	R	F
E	E	G	M	L	Y	N	G	R	U	M	D
T	E	G	O	T	I	T	E	Q	E	R	P
E	P	A	T	I	E	N	T	C	U	U	E
U	X	M	O	U	T	A	R	D	I	O	X

ARIANE
DEBILE
MASQUE
OTITE
REIN

BONHOMME
HEUREUX
MOUTARD
PATIENT
SAISON

CURE
INFIRME
OBSEDER
PITAYA
THESEE

Puzzle 49

C	I	R	E	J	E	T	O	N	U	L	O
T	Y	F	F	S	A	G	E	S	S	E	X
C	P	B	E	R	A	B	L	E	D	X	A
A	N	A	E	E	P	O	U	S	E	U	E
S	D	C	S	A	C	Y	L	X	T	E	E
S	E	P	F	S	U	A	X	N	S	F	G
I	P	P	U	I	A	T	N	S	A	P	O
S	R	J	K	C	B	G	E	C	A	J	I
K	I	J	H	E	E	E	E	V	E	W	S
H	M	B	G	K	D	L	B	P	Z	R	M
W	E	A	B	D	T	P	L	P	Y	H	E
V	I	A	T	I	Q	U	E	E	S	N	C

AGE
CASSIS
EGOISME
PASSAGE
SAGESSE

BEAUTE
DEESSE
EPOUSE
PUCELLE
VIATIQUE

CANCER
DEPRIME
ERABLE
REJETON

Puzzle 50

L	C	A	I	T	Z	P	O	U	L	E	J
F	Z	P	A	T	T	P	B	P	E	J	I
E	Q	O	B	I	X	G	A	E	E	D	P
M	N	L	L	W	C	N	S	M	R	E	B
E	A	L	Y	X	E	U	I	A	T	G	L
L	T	O	J	I	O	N	T	I	Q	L	I
L	U	N	H	L	A	A	S	X	L	I	M
E	R	C	A	N	B	I	L	Q	L	H	E
R	E	J	I	S	V	Z	Z	C	I	K	T
J	U	M	E	A	U	Y	A	S	H	F	T
R	X	Z	A	P	H	R	O	D	I	T	E
R	H	Y	U	W	B	E	G	A	Y	E	R

APHRODITE
BEGAYER
INANIME
LIMETTE
POULE

APOLLON
CHIEN
JALOUSE
LIT
RACLI

BATARD
FEMELLE
JUMEAU
NATURE
VISITE

Puzzle 51

Y	C	G	Z	Q	X	Q	R	K	N	Z	M
G	O	F	S	A	X	E	E	E	E	P	Z
I	R	I	N	U	L	L	N	C	R	R	P
S	Z	R	O	G	L	I	I	I	A	I	O
P	V	P	N	I	A	R	L	N	F	M	E
O	E	I	F	R	R	L	A	D	F	E	T
M	C	I	G	U	I	D	E	I	A	U	I
M	F	M	O	E	E	U	P	G	I	R	Q
I	Z	N	U	L	G	H	R	E	R	L	U
E	E	C	O	N	C	J	F	N	E	M	E
R	L	J	I	F	X	K	P	T	R	U	Q
U	O	D	A	E	T	R	E	I	N	T	E

AFFAIRER
DINGUE
FIFILLE
LEDA
POMMIER
CINGLER
EPOUX
GRAINE
NOURRICE
PRIMEUR
CUEILLIR
ETREINTE
INDIGENT
POETIQUE

Puzzle 52

M	P	L	A	I	S	I	R	R	E	P	Z
I	J	D	V	E	E	D	S	U	Q	X	I
G	U	T	N	V	C	C	Q	E	W	R	H
N	T	Z	A	B	V	A	H	K	D	E	L
O	E	V	D	E	R	C	I	E	L	U	M
N	U	L	R	T	O	A	O	F	O	S	A
N	X	U	A	R	M	T	R	I	N	S	T
E	M	P	V	U	Z	A	D	R	G	I	U
E	S	A	E	K	U	K	S	A	U	R	R
V	G	N	W	A	C	L	O	O	E	S	I
A	P	A	N	T	E	R	O	S	R	Y	T
Q	H	O	G	R	A	N	D	I	R	R	E

ANTEROS
JUTEUX
MATURITE
PATRAQUE
REUSSIR
GAVROCHE
KEFIR
MIGNONNE
PLAISIR
GRANDIR
LONGUE
MURE
PNEUMA

Puzzle 53

S	L	C	A	P	R	I	C	E	A	T	P
I	M	G	G	V	E	C	U	J	K	R	R
R	O	M	A	N	E	S	Q	U	E	E	W
B	Z	H	G	D	L	H	F	U	U	P	A
J	V	O	N	T	G	D	A	B	N	A	S
X	O	O	O	C	U	L	T	E	V	S	P
U	R	M	A	M	I	E	S	L	E	Z	U
F	B	O	C	C	A	C	E	E	R	A	P
P	A	I	N	E	U	I	L	T	T	P	I
K	C	M	A	L	I	C	E	T	F	L	L
P	M	T	A	N	T	E	Z	E	M	M	L
A	S	I	E	R	M	I	T	E	R	Z	E

ALICE
CAPRICE
FRONDE
PUPILLE
TREPAS

BELETTE
CULTE
MAMIE
ROMANESQUE
VECU

BOCCACE
ERMITE
PAIN
TANTE
VERT

Puzzle 54

Q	G	J	I	L	L	U	S	I	O	N	P
E	O	H	P	R	U	N	I	E	R	X	M
E	U	O	E	R	A	Q	Z	S	R	J	A
P	S	G	H	L	X	L	E	B	C	C	L
I	S	R	T	R	E	D	C	W	C	E	A
C	E	A	T	P	A	N	T	B	O	R	D
A	H	I	J	H	A	X	E	Z	U	E	I
R	U	N	K	O	W	T	N	M	R	A	E
P	L	X	I	F	J	O	A	V	G	L	K
E	Y	V	W	X	R	E	R	T	E	E	D
Z	L	M	I	A	M	Y	S	T	E	R	E
W	A	H	B	P	A	L	M	I	E	R	F

BARON	CEREALE	COURGE
EPICARPE	GOUSSE	GRAIN
HADES	HELENE	ILLUSION
KIWI	MALADIE	MYSTERE
PALMIER	PATATE	PRUNIER

Puzzle 55

K	I	N	A	L	T	E	R	A	B	L	E
M	D	X	U	M	S	A	L	A	D	E	I
R	E	C	I	P	R	O	Q	U	E	R	Z
Q	S	C	I	E	N	C	E	N	E	E	P
V	S	M	E	D	E	E	E	T	H	B	R
D	A	J	X	D	I	L	P	C	I	E	O
L	T	C	Y	D	E	O	Y	G	I	G	C
U	Q	A	E	S	D	S	K	Q	M	U	R
J	M	M	K	A	P	V	N	G	L	I	E
F	O	E	F	A	N	T	O	M	E	N	E
C	A	N	G	E	L	O	T	N	T	W	R
M	C	A	R	Y	O	P	S	E	F	T	C

ADOPTER
BEGUIN
FANTOME
PROCREER
SALADE

AMI
CARYOPSE
INALTERABLE
PSYCHE
SCIENCE

ANGELOT
COMEDIE
MEDEE
RECIPROQUE
SELENE

Puzzle 56

U	Q	I	O	P	E	C	H	E	S	A	T
N	R	C	M	W	O	S	E	M	I	S	W
W	O	B	H	G	A	R	C	O	N	R	C
A	P	C	K	A	K	N	L	S	M	T	Y
P	A	R	R	A	I	N	O	D	O	X	C
H	O	B	U	M	K	R	U	H	P	R	Z
D	T	M	A	L	A	D	I	F	Y	V	T
Y	L	E	C	E	R	I	S	I	E	R	O
R	C	L	T	S	E	N	S	U	E	L	N
P	Q	M	T	H	V	E	G	E	T	E	R
H	Q	W	G	E	Y	E	C	U	Y	E	R
Y	O	P	S	M	G	S	I	A	S	E	G

CERISIER
GARCON
PARRAIN
SENSUEL
VEGETER

CHAIR
LOUIS
PECHE
SORT

ECUYER
MALADIF
SEMIS
TETHYS

Puzzle 57

I	B	E	I	G	N	E	T	K	A	C	U
M	Y	S	N	Y	N	K	X	W	L	P	I
M	S	U	A	L	C	H	A	R	I	T	E
O	Y	U	D	N	P	H	A	S	E	F	R
R	W	A	C	C	T	U	A	B	R	E	S
T	W	C	W	E	R	E	E	S	I	X	H
E	F	H	P	Y	D	R	E	R	H	K	P
L	I	F	S	I	A	W	U	G	Q	Z	T
A	I	I	A	G	X	M	H	M	C	Q	T
H	G	L	E	A	R	I	L	L	E	G	H
Y	Z	L	U	B	R	O	M	A	N	C	E
L	D	E	B	A	U	C	H	E	Y	S	C

ARILLE
DEBAUCHE
IMMORTEL
PHASE
SUCE

BEIGNET
EGARE
LAIDE
ROMANCE

CHARITE
FILLE
MURIER
SANTE

Puzzle 58

F	R	U	I	T	I	E	R	Q	L	S	W
B	W	F	I	P	X	D	H	D	U	T	P
H	E	R	O	I	N	E	X	Y	G	I	J
M	A	V	Z	A	V	A	R	I	E	M	A
M	B	G	E	E	G	V	H	U	W	B	U
Z	O	V	A	F	S	K	C	M	N	R	R
F	U	E	A	L	T	T	E	X	E	E	S
O	R	R	A	N	E	T	E	O	I	R	M
Y	B	G	Z	H	S	U	A	H	G	T	E
M	O	E	V	E	R	N	X	U	A	M	A
F	N	R	P	C	A	B	O	S	S	E	E
C	D	U	H	O	U	X	M	X	P	G	P

AVARIE
FRUITIER
HOUX
PESTE
ZESTE

BOURBON
GALEUX
MARI
TIMBRER

CABOSSE
HEROINE
MERE
VERGER

Puzzle 59

N	F	V	D	P	W	G	O	U	G	E	T
C	O	U	P	L	E	V	S	W	L	Y	J
F	E	R	V	E	U	R	X	J	E	C	C
P	D	C	J	E	D	H	V	I	W	H	O
U	E	K	O	W	N	P	O	L	M	A	N
N	F	D	A	N	U	E	A	M	W	G	F
C	U	T	M	R	S	M	R	T	E	R	I
H	N	G	E	V	R	O	U	G	X	I	D
F	T	S	R	P	O	M	M	E	I	N	E
D	E	O	Y	A	X	F	X	M	L	E	N
D	M	I	N	E	T	T	E	H	E	R	C
T	L	N	F	G	U	V	J	B	E	Z	E

AMER	CHAGRIN	CONFIDENCE
CONSOMME	COUPLE	DEFUNTE
ENERGIE	EXIL	FERVEUR
GOUGE	MAL	MINETTE
POMME	PUNCH	SOIN

Puzzle 60

D	S	H	O	N	N	E	U	R	H	X	H
C	O	N	S	U	M	E	I	F	L	G	N
K	K	C	F	Q	T	D	Q	T	V	R	T
R	O	E	Z	X	R	E	G	K	D	A	L
M	O	Y	R	A	M	F	L	F	I	P	W
J	S	I	N	N	C	E	E	E	C	P	R
O	O	G	C	O	J	H	L	S	V	E	W
L	C	N	Z	C	D	B	E	O	S	E	G
I	I	I	F	E	P	I	E	M	N	E	R
E	E	B	G	S	L	E	F	A	I	C	E
S	T	G	N	E	T	M	E	R	U	N	Y
S	E	A	V	A	G	A	P	E	L	H	X

AGAPE
CONSUME
GNARD
JOLIES
SOCIETE

BEAU
ELEVER
GRAPPE
MELON

CHEMIN
FESSEE
HONNEUR
NOCE

Puzzle 61

R	P	M	A	L	S	A	I	N	V	Z	P
L	J	A	S	T	A	R	T	E	R	F	U
G	L	F	D	P	P	V	N	W	P	U	V
M	M	G	E	C	E	J	G	S	T	I	X
P	O	C	E	U	A	L	R	M	T	D	M
T	D	R	O	G	L	D	I	E	R	J	E
J	T	S	T	U	H	W	E	A	V	O	D
E	B	Z	L	E	C	K	I	A	S	I	I
Q	U	Y	U	R	P	H	A	J	U	E	C
L	Q	D	O	I	C	R	E	G	H	C	A
E	Q	R	P	R	D	Q	I	R	S	A	L
T	A	D	U	L	T	E	R	E	G	Y	V

ADULTERE
ASTARTE
CADEAU
CHIARD
COUCHER
ETRE
FEU
GUERIR
JOIE
MALSAIN
MEDICAL
MORTE
PELIAS

Puzzle 62

N	C	R	E	A	T	E	U	R	L	I	S
V	S	F	M	U	R	I	R	B	Q	A	E
I	U	E	E	C	L	L	J	X	E	F	N
R	R	U	J	Y	H	U	E	N	P	F	S
G	V	I	K	W	O	E	R	E	O	E	U
I	I	L	P	P	F	R	R	X	U	C	A
N	V	L	A	Z	K	S	Y	I	X	T	L
I	R	E	P	K	P	E	R	E	R	I	I
T	E	X	A	R	E	E	L	L	E	O	T
E	I	U	U	G	T	A	N	T	I	N	E
X	F	D	E	B	O	R	D	A	N	T	I
J	Y	F	R	F	Q	L	F	A	X	V	Z

AFFECTION	CHERIR	CREATEUR
DEBORDANT	EPOUX	FEUILLE
MURIR	PAPA	PERE
REELLE	SENSUALITE	SURVIVRE
TANTINE	VIRGINITE	

Puzzle 63

C	P	F	J	E	C	A	R	E	N	C	E
W	K	O	F	H	E	R	I	T	E	R	S
D	N	G	I	C	N	Z	X	D	H	T	F
U	S	G	A	R	D	E	R	I	E	I	I
Z	I	A	A	G	I	T	E	R	I	F	E
N	H	N	U	T	Q	E	M	U	O	O	V
E	W	Z	F	V	R	Z	R	T	Z	S	R
R	W	Q	J	E	E	X	R	H	B	I	E
E	C	Y	I	O	C	R	I	H	I	F	U
E	B	M	Q	O	U	T	L	P	E	S	X
O	U	E	B	V	W	I	E	B	P	A	E
L	K	F	U	F	H	B	R	G	W	O	O

AGITE
GARDERIE
JOUIR
POIRIER
SAUVER

CARENCE
HERITER
LUMIERE
RHEA
TIFOSI

FIEVREUX
INFECTE
NEREE
RUT

Puzzle 64

P	B	H	J	E	U	N	E	S	S	E	X
E	V	T	Y	R	M	U	R	S	R	U	O
I	E	E	P	M	P	Y	E	U	A	Z	R
N	Q	D	A	O	E	F	I	V	X	I	D
T	U	O	T	A	B	N	S	Q	S	W	E
U	E	L	E	A	U	B	E	E	P	R	T
R	U	E	R	T	K	R	D	E	U	E	R
E	T	N	N	P	E	T	A	Y	V	S	A
D	E	T	E	C	X	M	C	G	T	P	Q
T	R	Q	L	G	Q	Y	O	K	W	E	U
U	A	N	E	A	N	T	I	I	H	C	E
B	R	O	U	E	T	T	E	Z	N	T	T

ANEANTI
DESIR
EQUEUTER
MŒURS
RESPECT
AUBE
DETRAQUE
HYMENEE
PATERNEL
TEMOIN
BROUETTE
DOLENT
JEUNESSE
PEINTURE

Puzzle 65

N	Q	Q	C	J	Z	U	T	N	P	O	U
I	O	A	A	O	D	D	Q	E	P	X	N
O	Q	I	N	R	N	X	D	K	R	V	E
V	H	V	S	A	A	S	K	L	Y	R	J
A	G	F	M	E	N	C	T	U	E	R	E
I	K	W	H	I	T	A	H	A	D	D	U
R	B	Q	E	S	M	T	S	I	N	C	N
E	G	R	E	N	A	D	E	I	D	T	E
U	M	A	R	I	A	R	K	G	H	E	S
E	I	Z	S	A	I	G	N	E	R	N	S
P	J	K	G	P	H	I	L	I	P	P	E
G	A	F	F	L	I	G	E	R	Z	X	T

AFFLIGER
CONSTANT
MARIA
PHILIPPE
TUER
ANANAS
GRENADE
NOISETTE
SAIGNER
ARACHIDE
JEUNESSE
OVAIRE
TERRE

Puzzle 66

W	A	N	G	U	D	T	Z	E	P	U	V
A	H	E	R	O	I	N	E	K	Q	W	C
W	L	O	N	M	L	P	L	T	C	V	H
P	E	I	U	D	U	G	I	W	E	E	L
R	T	X	E	O	L	F	L	U	S	G	C
I	O	B	P	N	O	G	G	Q	X	E	O
N	M	E	K	R	E	I	U	T	Q	T	M
C	B	S	P	K	F	Q	Q	I	R	A	P
E	E	T	B	Q	I	N	Q	F	D	L	O
G	J	I	C	H	A	N	S	O	N	E	T
J	Z	M	B	A	P	T	E	M	E	Q	E
R	A	E	T	E	T	Y	T	O	H	P	D

ALIENE
COMPOTE
GUIDE
PRINCE
VEGETAL

BAPTEME
ESTIME
HEROINE
PROFIT

CHANSON
FIGUE
POUPEE
TOMBE

Puzzle 67

E	Q	M	A	R	R	A	I	N	E	R	P
F	N	V	W	E	L	E	A	L	Z	M	D
F	T	T	I	B	L	G	O	Y	A	V	E
L	R	D	H	A	R	B	N	L	G	N	J
Y	Z	V	T	O	P	A	A	Q	G	U	O
R	Q	E	J	I	U	O	G	B	L	F	D
I	P	Q	W	K	L	S	U	A	I	Y	V
Q	R	L	F	H	P	R	I	L	N	L	W
U	L	B	E	Q	E	T	B	A	B	C	Y
E	R	M	O	I	S	S	O	N	S	O	E
C	P	I	T	C	H	O	U	N	W	M	T
E	O	X	C	E	R	E	S	H	A	W	E

BABIL
ENTHOUSIASME
MARRAINE
PITCHOUN
BRAGANCE
GOYAVE
MOISSON
POULBOT
CERES
LYRIQUE
PETALE
PULPE

Puzzle 68

K	D	O	R	L	O	T	E	R	Z	Y	U
O	B	E	P	O	U	P	A	R	D	N	W
P	C	V	B	V	S	F	S	G	J	N	J
R	R	N	M	U	Z	U	B	H	U	D	U
I	H	A	M	E	T	P	J	M	W	S	L
M	G	X	I	H	N	X	U	E	E	B	I
A	G	R	D	S	Z	O	M	P	T	W	E
I	O	F	O	Z	I	A	T	K	O	U	T
R	M	U	Q	N	D	N	W	T	O	D	T
E	C	V	B	V	D	Z	D	F	E	M	E
J	H	J	E	J	X	E	A	T	G	D	L
E	R	H	O	R	K	V	R	M	R	J	C

DAME	DEBUT	DORLOTER
FOU	GRONDER	JULIETTE
MENOTTE	POUPARD	PRIMAIRE
RAISIN	SUJET	VER

Puzzle 69

R	E	C	H	U	T	E	N	K	N	T	C
D	V	L	B	G	C	O	C	O	G	R	Y
U	D	O	X	C	B	T	H	T	E	O	S
Z	E	I	F	M	P	L	E	S	L	U	O
J	F	S	P	C	B	N	R	I	E	B	I
F	A	I	E	E	E	V	I	T	E	A	G
L	I	R	X	R	U	T	Q	H	C	D	N
A	R	K	I	D	P	R	V	E	S	O	E
M	E	S	B	H	F	I	W	M	X	U	R
I	W	O	J	Q	G	G	B	I	G	R	L
E	H	U	M	A	I	N	E	S	A	N	G
V	J	E	U	N	E	N	S	I	O	I	N

AMIE
DEFAIRE
JEUNE
RECHUTE
SOIGNER
CHERI
GELEE
LOISIR
SANG
THEMIS
COCO
HUMAINE
PEUR
SIRENE
TROUBADOUR

Puzzle 70

S	D	F	R	O	M	A	G	E	S	L	F
L	U	N	I	V	E	R	S	N	E	H	M
T	Q	B	X	B	U	N	T	D	N	C	U
L	K	B	B	J	A	C	E	O	I	Z	K
N	C	A	E	M	D	M	X	P	V	R	U
A	H	D	R	L	E	B	E	F	R	M	M
I	O	I	C	R	N	R	C	Y	A	W	A
T	L	N	E	Q	D	E	V	E	N	I	R
R	E	A	R	J	R	C	U	I	T	S	I
E	R	G	E	P	R	I	S	Q	A	I	V
O	A	E	R	O	T	I	Q	U	E	S	K
Y	F	E	W	T	E	R	R	I	B	L	E

BADINAGE
CUITS
EPRIS
MARI
TERRIBLE
BERCER
DEVENIR
EROTIQUE
NAITRE
UNIVERS
CHOLERA
ENIVRANT
FROMAGES
REMEDE

Puzzle 71

P	M	H	E	N	C	E	I	N	T	E	D
J	S	E	E	M	O	T	I	O	N	Z	D
S	O	U	V	O	L	A	G	E	U	I	S
Y	G	R	M	O	R	A	L	E	B	J	M
E	Y	E	L	P	O	E	M	E	V	U	G
F	N	U	Z	U	E	M	D	T	E	L	E
A	E	S	D	A	C	K	G	I	A	I	N
I	E	E	L	V	M	D	D	B	Y	E	T
B	N	G	S	A	R	D	E	U	R	T	I
L	A	O	M	H	G	I	J	E	F	T	L
E	D	E	E	S	S	E	K	W	D	E	L
O	C	S	G	M	E	M	O	I	R	E	E

AGLAE
DIEU
FAIBLE
JULIETTE
NEE

ARDEUR
EMOTION
GENTILLE
MEMOIRE
POEME

DEESSE
ENCEINTE
HEUREUSE
MORALE
VOLAGE

Puzzle 72

Y	C	W	G	G	S	A	Z	B	U	U	Y
V	W	W	K	P	T	O	E	W	O	N	B
F	H	F	T	I	H	M	N	K	P	R	E
R	Y	C	L	S	R	D	C	N	H	N	N
K	A	O	L	O	L	N	O	P	E	Q	J
A	L	C	F	O	O	H	M	R	L	T	A
L	R	Z	H	R	T	U	L	K	I	L	M
I	E	M	R	E	K	I	Y	F	E	S	I
V	H	A	G	N	L	L	L	C	X	C	N
F	M	E	S	X	A	E	E	D	U	O	E
U	N	A	N	G	I	N	E	D	E	X	V
F	I	E	V	R	E	D	V	G	X	P	M

ANGINE
DORIS
FORME
MARRON
SONNET

BENJAMIN
DUC
HUILE
OPHELIE

CLOTILDE
FIEVRE
LOLITA
RACHEL

Puzzle 73

R	C	Y	R	S	S	E	O	R	R	N	P
D	G	D	P	E	D	N	O	T	Y	A	U
O	I	I	E	I	N	A	U	Z	Z	R	B
U	Y	V	M	E	R	N	W	E	O	C	E
L	B	I	W	O	P	A	O	T	C	I	R
E	T	N	A	E	R	X	H	C	P	S	T
U	N	C	Y	E	I	R	M	I	S	S	E
R	Y	V	U	L	A	I	K	W	C	I	R
O	M	F	A	J	M	V	M	Y	U	S	B
U	P	L	A	B	E	U	R	G	B	M	P
Q	H	T	E	T	E	R	N	E	L	E	F
A	E	F	R	E	C	O	L	T	E	R	W

ALIX	DIVIN	DOULEUR
ETERNEL	LABEUR	MISS
NANA	NARCISSISME	NYMPHE
PRIAM	PUBERTE	RECOLTER
TIMIDE		

Puzzle 74

F	K	L	V	N	E	A	N	T	S	I	X
U	Z	E	D	Y	C	X	C	O	E	A	S
R	R	V	B	O	O	A	Z	L	K	A	P
L	N	C	E	U	N	U	B	S	I	C	L
A	A	R	S	N	R	I	T	E	K	N	E
M	D	U	A	U	S	E	D	R	R	T	E
O	Z	E	R	I	C	O	U	N	O	F	N
U	S	L	A	A	N	R	U	H	F	I	G
R	N	P	U	X	C	A	E	F	U	D	V
E	R	O	U	G	E	O	L	E	I	Z	J
U	Z	C	A	R	P	E	L	L	E	J	L
X	C	F	K	N	Q	A	C	A	C	A	O

AMOUREUX
CARPELLE
NEANT
ROI
SPLEEN

ANNA
CRUEL
PAISIBLE
ROUGEOLE
SUCRE

CACAO
LAURA
RITE
SOUFI

Puzzle 75

G	G	O	N	Z	E	S	S	E	K	L	F
I	T	O	F	R	W	N	E	E	C	V	A
M	C	L	E	F	D	E	W	R	W	P	M
B	Y	M	V	D	U	O	L	B	W	A	I
O	L	P	O	G	I	S	U	A	R	U	L
A	E	X	N	E	J	S	I	L	J	F	I
L	E	A	O	N	P	T	S	R	E	L	A
I	M	I	J	F	R	D	R	O	O	U	L
M	C	Z	R	A	R	S	U	A	L	P	R
E	E	D	I	N	Y	S	I	S	I	U	I
N	S	V	P	C	P	L	A	I	E	N	E
T	T	A	V	E	L	U	R	E	D	J	A

ALIMENT
ENFANCE
MANGUE
SIROP
DISSOLUE
FAMILIAL
MERE
TAVELURE
DOULEUR
GONZESSE
PLAIE
TRAIN

Puzzle 76

X	Y	E	X	O	T	I	Q	U	E	J	I
T	D	E	S	T	I	N	H	K	O	X	N
F	A	C	E	Z	F	D	S	F	D	V	M
V	R	M	P	F	N	V	F	I	O	Z	Y
F	I	P	A	C	A	N	E	H	D	I	S
T	H	V	K	R	A	P	R	F	F	A	E
C	E	E	R	R	I	W	E	X	P	K	S
A	M	N	R	E	H	N	D	F	A	I	R
Q	W	L	D	B	R	U	H	V	T	L	Y
G	L	U	L	R	E	R	M	F	E	F	Q
S	G	C	F	T	O	S	O	E	G	P	G
D	I	L	E	G	E	N	D	E	E	C	E

DESTIN
HERBES
PATE
TAMARIN

EXOTIQUE
LEGENDE
RHUME
TENDRON

FOIE
PACANE
SIDA
VIVRE

Puzzle 77

H	A	J	S	Y	M	D	C	P	I	W	F
R	F	O	A	M	E	O	V	P	Z	M	T
E	D	I	E	T	E	U	R	C	E	X	G
G	T	A	A	B	P	Y	R	B	Q	N	N
I	X	S	H	N	N	O	E	O	I	L	R
M	C	S	M	S	C	S	I	E	P	D	C
E	V	I	E	A	U	E	L	V	X	E	E
N	W	D	Z	E	K	L	S	Z	R	Z	R
L	L	U	S	O	Y	B	I	Q	Q	O	T
Y	C	S	Q	D	S	A	I	N	I	N	N
A	I	F	I	U	T	H	E	M	E	X	C
P	K	C	F	R	U	C	T	O	S	E	F

ASSIDU
FIANCE
MORBIDE
REGIME

DIETE
FRUCTOSE
PISSEUSE
SAIN

EUROPE
IDYLLE
POIVRON
THEME

Puzzle 78

J	H	E	R	E	D	I	T	E	O	T	R
J	D	O	C	T	E	U	R	L	C	F	Z
E	J	H	I	K	Z	V	E	N	R	K	J
S	M	O	N	D	E	M	I	R	O	G	M
S	Y	P	Z	A	O	T	R	X	U	Q	U
I	B	I	U	P	S	K	A	L	P	O	M
C	F	T	Z	N	R	R	L	I	D	E	A
A	S	A	I	E	U	V	H	U	N	Q	Q
O	S	L	F	O	E	B	O	N	Z	E	O
G	C	N	C	O	I	D	O	W	M	V	E
V	E	V	S	X	R	B	T	M	Y	H	T
K	B	L	R	R	E	L	A	T	I	O	N

AINEE
CROUP
ENFER
INSTINCT
POMELO
BONNE
DOCTEUR
HEREDITE
JESSICA
RELATION
COUR
DOUDOU
HOPITAL
MONDE

Puzzle 79

V	P	R	L	R	A	U	P	S	U	R	J
P	S	E	P	A	Y	N	C	T	U	H	J
N	Y	T	E	K	J	H	Z	E	N	C	N
U	N	O	C	G	Q	H	L	I	S	O	B
F	D	M	H	F	L	F	U	N	Y	S	Y
J	R	B	E	R	J	O	A	R	R	H	P
Q	O	E	R	U	B	L	B	G	W	F	T
Z	M	C	R	A	E	M	T	N	A	A	E
H	E	K	B	E	E	G	O	N	H	V	Z
N	A	U	S	E	E	U	X	C	U	T	B
H	A	O	F	R	A	I	S	E	F	R	C
A	P	O	S	M	O	O	T	H	I	E	L

BABOUIN
EMBRYON
FRERE
RETOMBE

CHAT
FLEUR
NAUSEEUX
SMOOTHIE

ELAN
FRAISE
PECHER
SYNDROME

Puzzle 80

C	S	J	C	A	J	U	L	B	E	X	S
I	U	R	I	P	E	S	U	I	E	C	F
U	I	D	V	Y	P	U	N	V	Z	G	G
Y	S	E	I	R	L	O	I	K	R	B	D
M	W	S	E	X	G	T	E	E	W	L	I
I	N	V	R	A	P	R	M	I	E	N	L
N	E	E	E	O	I	U	B	U	P	P	E
E	M	F	D	O	R	I	T	P	I	R	C
R	O	A	R	G	J	U	K	O	N	M	T
V	N	C	A	A	M	V	Q	K	E	N	I
E	T	W	G	A	D	J	I	R	U	V	O
X	B	E	G	L	W	W	V	N	X	W	N

ADOPTIVE
CIVIERE
EPINEUX
MINERVE

AGONIE
CROIRE
EVE
MUTUEL

AGRUME
DILECTION
GADJI

Puzzle 1 - Solution

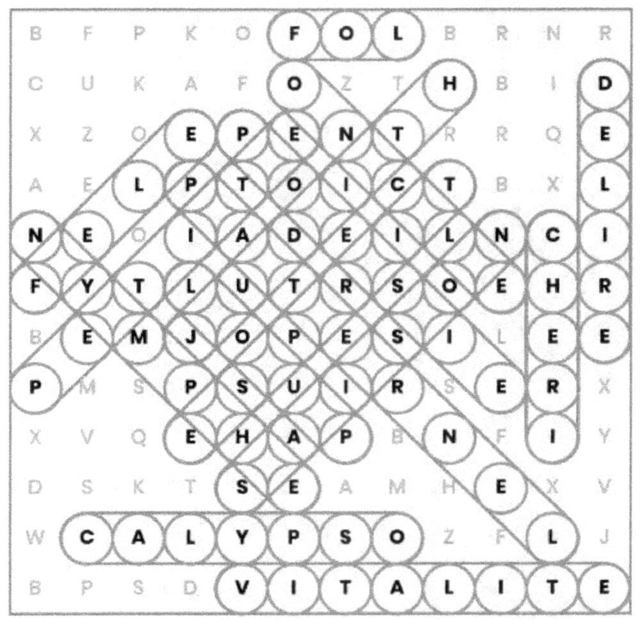

Puzzle 2 - Solution

O	M	A	N	I	M	A	L	H	G	H	W
P	T	M	X	N	F	C	A	L	I	C	E
A	P	V	R	B	A	N	A	N	E	X	U
P	F	O	G	Q	X	O	A	M	S	L	D
A	E	Z	R	G	X	M	I	B	O	Y	P
Y	P	K	B	T	A	Z	D	F	C	R	A
E	I	D	J	M	E	Q	D	G	I	I	L
I	S	E	I	Y	T	R	A	C	A	S	I
I	O	J	S	A	Z	A	R	T	L	M	U
Z	D	E	R	D	N	D	W	C	E	E	R
Q	E	O	O	M	I	E	I	M	O	G	E
W	W	J	Q	O	F	N	N	L	T	X	G

Puzzle 3 - Solution

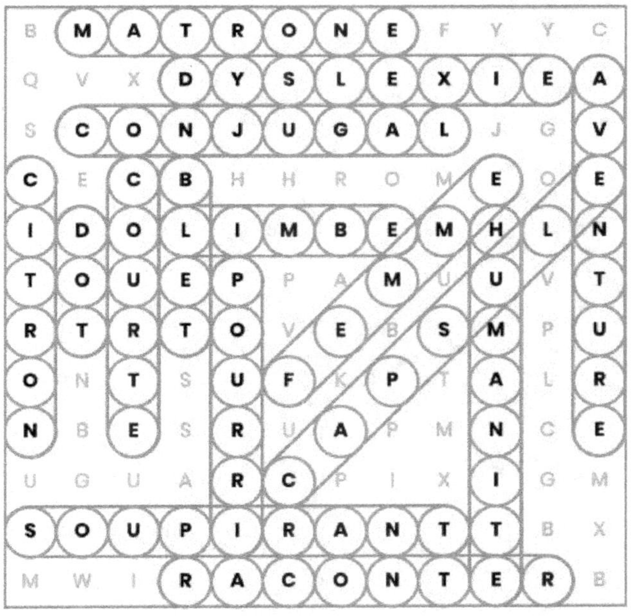

Puzzle 4 - Solution

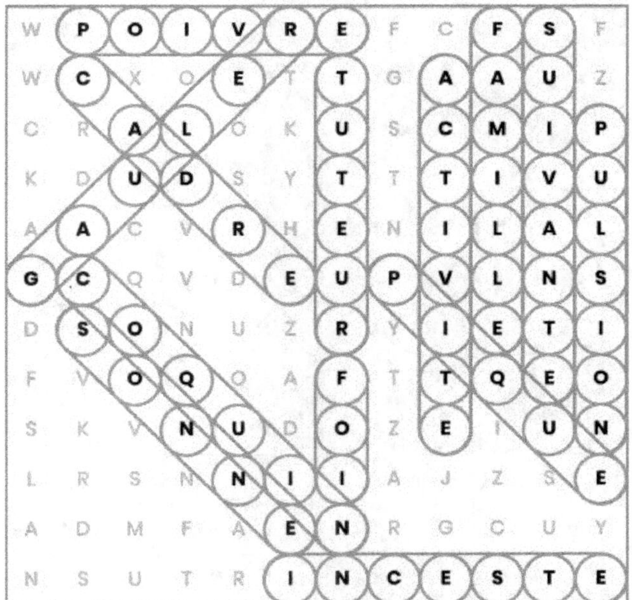

Puzzle 5 - Solution

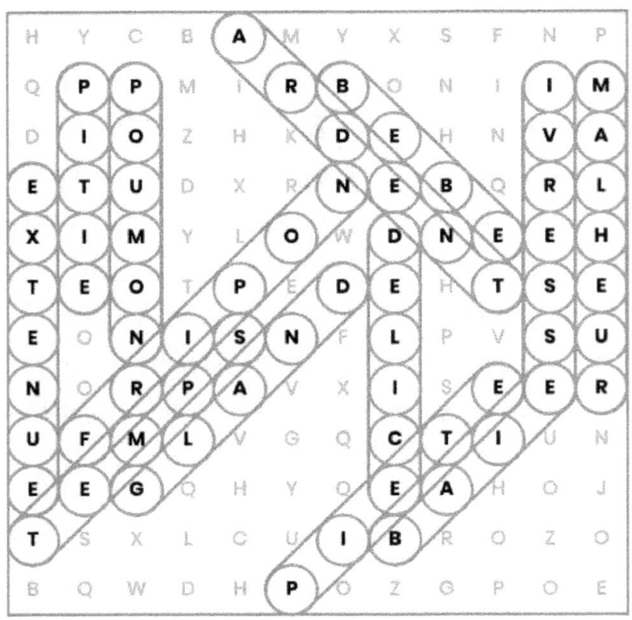

Puzzle 6 - Solution

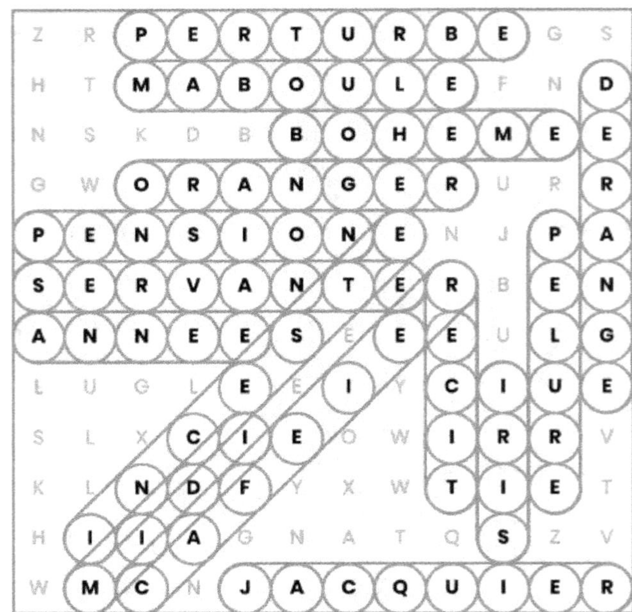

Puzzle 7 - Solution

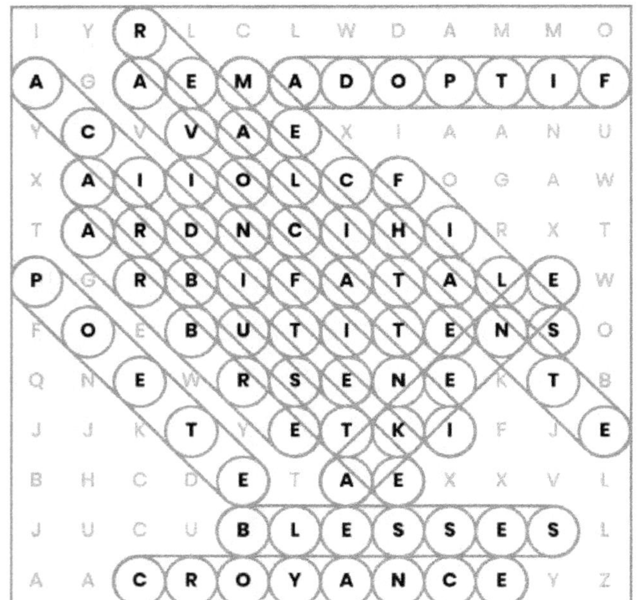

Puzzle 8 - Solution

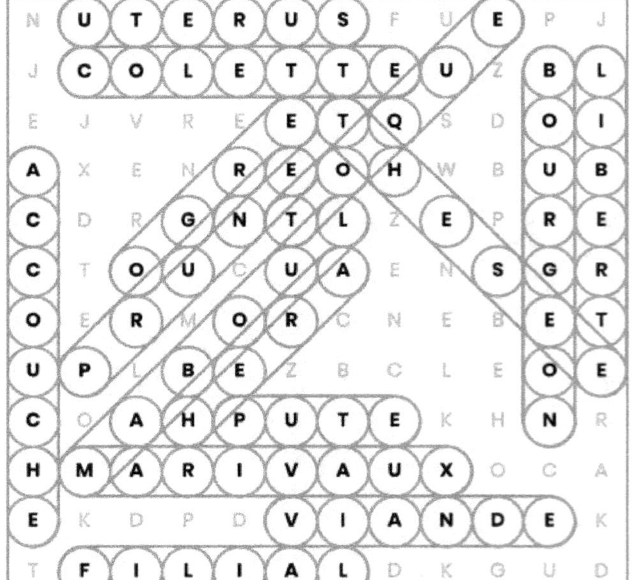

Puzzle 9 - Solution

P	B	H	B	E	R	C	E	U	S	E	O
Y	A	W	M	K	R	R	E	L	T	D	F
A	P	N	Z	U	I	L	E	S	G	E	I
W	S	P	G	N	L	C	I	E	T	E	L
C	X	X	E	E	O	N	M	N	I	R	L
O	Q	V	Z	C	O	R	A	S	U	S	E
R	A	N	E	D	A	D	U	E	V	G	T
Z	O	R	A	H	I	O	V	Q	E	P	T
D	P	M	C	Q	L	A	T	N	D	C	E
Y	E	R	A	A	S	J	A	Y	X	K	K
K	D	A	J	N	F	M	I	E	Q	M	W
C	R	E	A	T	U	R	E	F	E	S	T

Puzzle 10 - Solution

T	P	M	I	N	E	U	R	E	P	K	D
H	O	C	W	U	A	I	K	R	I	W	M
L	E	P	R	E	U	X	W	O	Q	D	S
C	R	E	R	P	R	O	D	I	G	E	E
O	K	U	O	S	I	R	I	S	C	R	I
C	S	P	D	K	X	U	X	E	T	A	P
O	X	C	S	E	E	I	D	T	C	J	R
T	V	R	L	V	W	W	A	Q	O	T	U
I	V	M	E	Y	J	B	X	S	Q	G	N
E	K	N	N	A	A	W	I	P	U	A	E
R	L	M	A	R	E	L	L	E	E	U	A
J	D	V	V	V	A	C	A	N	C	E	U

Puzzle 11 - Solution

Puzzle 12 - Solution

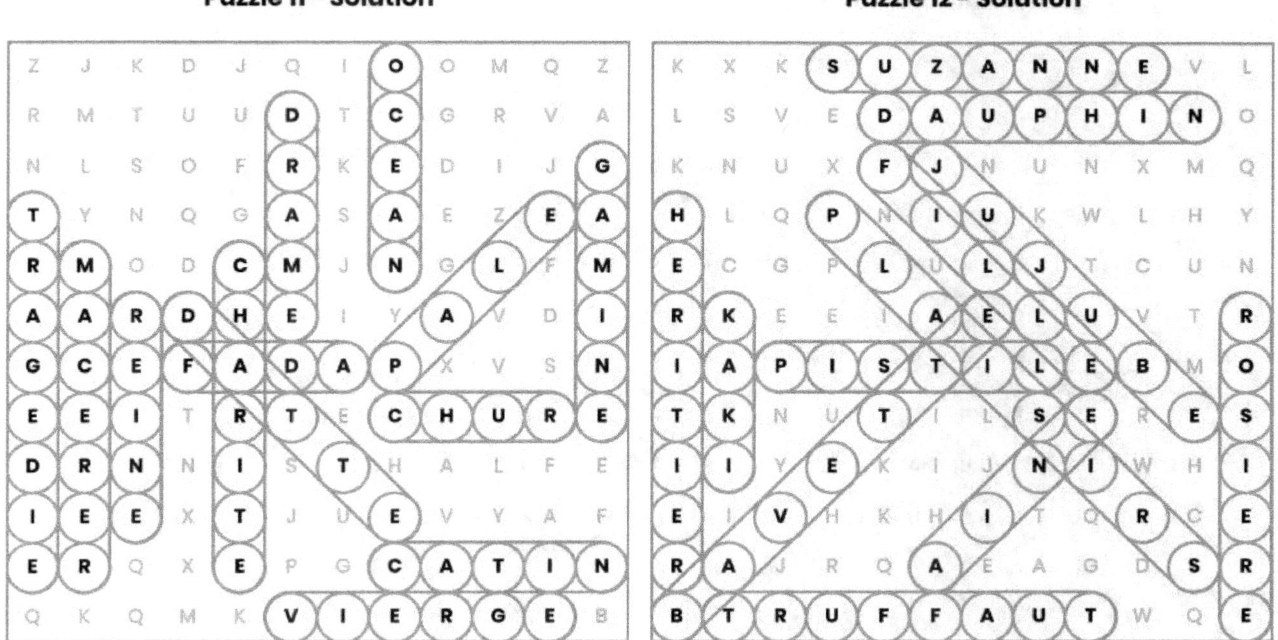

Z	J	K	D	J	Q	I	O	O	M	Q	Z
R	M	T	U	U	D	T	C	G	R	V	A
N	L	S	O	F	R	K	E	D	I	J	G
T	Y	N	Q	G	A	S	A	E	Z	E	A
R	M	O	D	C	M	J	N	G	L	F	M
A	A	R	D	H	E	I	Y	A	V	D	I
G	C	E	F	A	D	A	P	X	V	S	N
E	E	I	T	R	T	E	C	H	U	R	E
D	R	N	N	I	S	T	H	A	L	F	E
I	E	E	X	T	J	U	E	V	Y	A	F
E	R	Q	X	E	P	G	C	A	T	I	N
Q	K	Q	M	K	V	I	E	R	G	E	B

K	X	K	S	U	Z	A	N	N	E	V	L
L	S	V	E	D	A	U	P	H	I	N	O
K	N	U	X	F	J	N	U	N	X	M	Q
H	L	Q	P	N	I	U	K	W	L	H	Y
E	C	G	P	L	U	L	J	T	C	U	N
R	K	E	E	I	A	E	L	U	V	T	R
I	A	P	I	S	T	I	L	E	B	M	O
T	K	N	U	T	I	L	S	E	R	E	S
I	I	Y	E	K	I	J	N	I	W	H	I
E	I	V	H	K	H	I	T	Q	R	C	E
R	A	J	R	Q	A	E	A	G	D	S	R
B	T	R	U	F	F	A	U	T	W	Q	E

Puzzle 13 - Solution

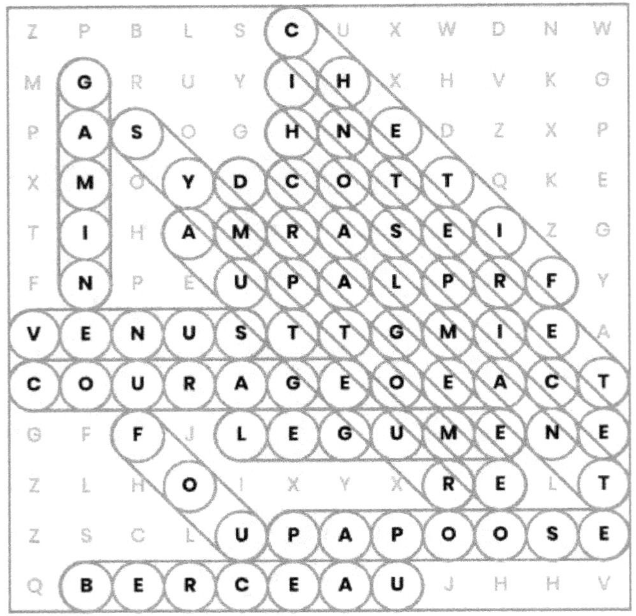

Puzzle 14 - Solution

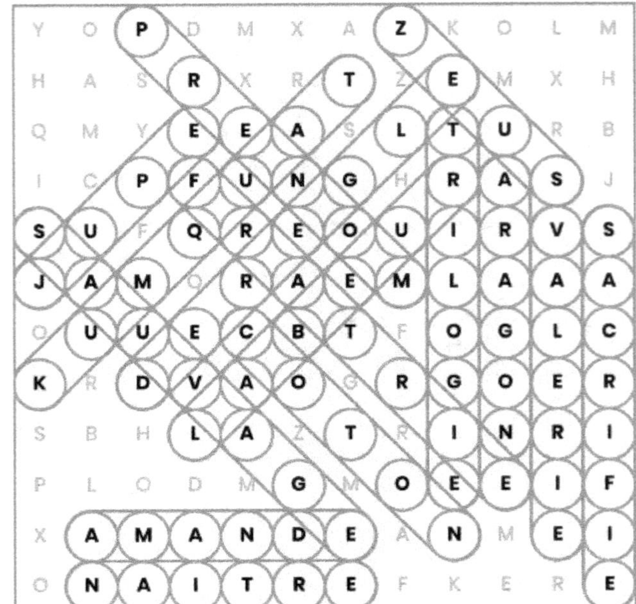

Puzzle 15 - Solution

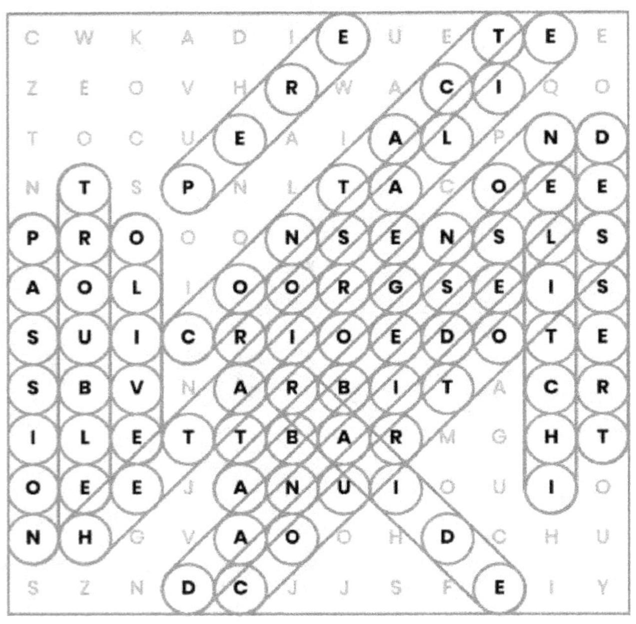

Puzzle 16 - Solution

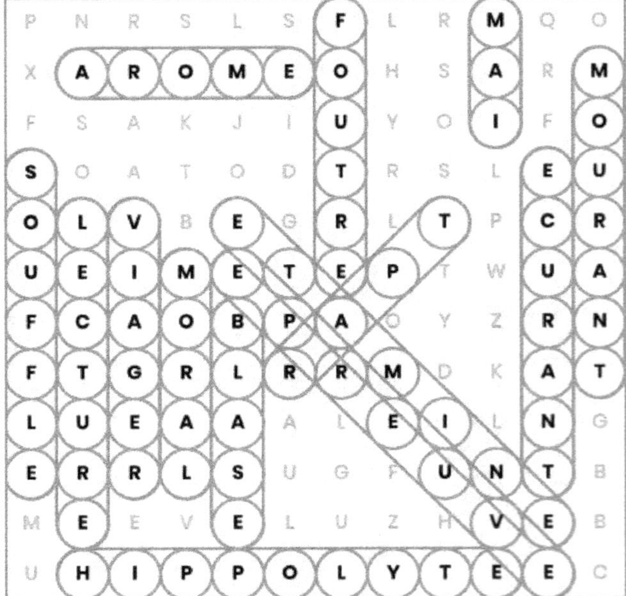

Puzzle 17 - Solution

S	L	S	D	Z	C	R	S	S	K	Z	O
P	T	R	A	G	Y	V	W	O	A	C	F
T	A	L	E	G	I	H	H	P	U	H	G
R	W	R	L	N	E	A	Z	H	Z	E	X
I	N	G	T	J	D	B	J	I	Y	U	E
S	F	E	E	A	J	R	O	E	A	R	A
T	J	U	N	N	G	U	E	X	I	E	R
E	T	C	G	E	E	E	L	O	X	U	T
S	S	V	H	U	T	S	P	I	O	X	E
S	U	M	E	E	E	T	E	G	E	E	M
E	J	P	W	C	A	R	E	S	S	E	I
L	Y	S	O	M	M	E	I	L	L	Z	S

Puzzle 18 - Solution

G	Y	N	M	I	N	O	T	Y	C	A	E
P	O	N	M	E	U	R	T	R	E	T	P
L	X	W	T	C	B	T	E	U	G	J	R
E	Y	W	S	C	N	S	O	Z	I	E	C
N	C	Y	F	A	I	D	G	I	T	O	R
F	E	O	M	A	R	F	O	U	T	U	E
A	R	A	B	U	T	T	O	O	N	E	C
N	I	C	S	G	O	G	B	G	T	E	H
T	S	S	N	L	M	J	P	N	V	L	E
V	E	U	E	K	A	S	O	D	C	C	G
I	V	H	D	L	T	B	B	I	X	K	C
U	F	N	M	E	E	S	O	L	T	R	D

Puzzle 19 - Solution

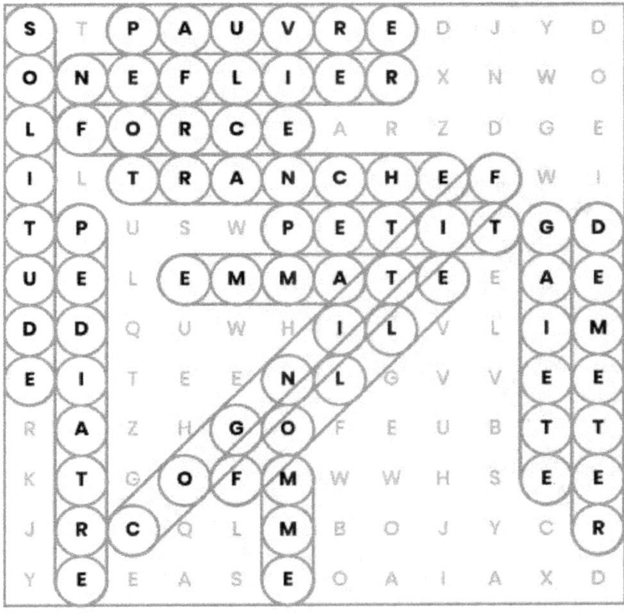

Puzzle 20 - Solution

T	I	U	C	A	D	E	T	T	E	C	L
M	Q	S	A	U	V	A	G	E	L	O	P
N	P	Y	D	O	D	K	D	Q	O	Z	G
U	C	S	E	S	R	R	W	R	N	G	M
L	E	P	K	E	A	T	U	B	P	H	E
O	L	O	T	U	S	O	P	P	O	H	D
U	F	V	O	Y	T	G	G	G	E	E	E
L	J	D	C	E	N	U	N	B	C	P	C
O	E	J	R	O	U	I	E	B	D	U	I
U	G	E	L	S	D	M	R	S	C	I	N
H	C	B	C	M	I	X	L	V	W	S	S
Y	O	I	N	L	O	C	C	U	P	E	R

Puzzle 21 - Solution

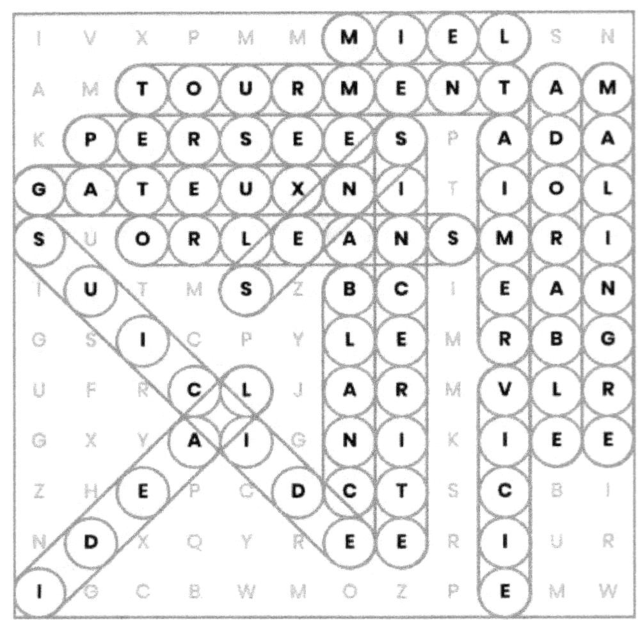

Puzzle 22 - Solution

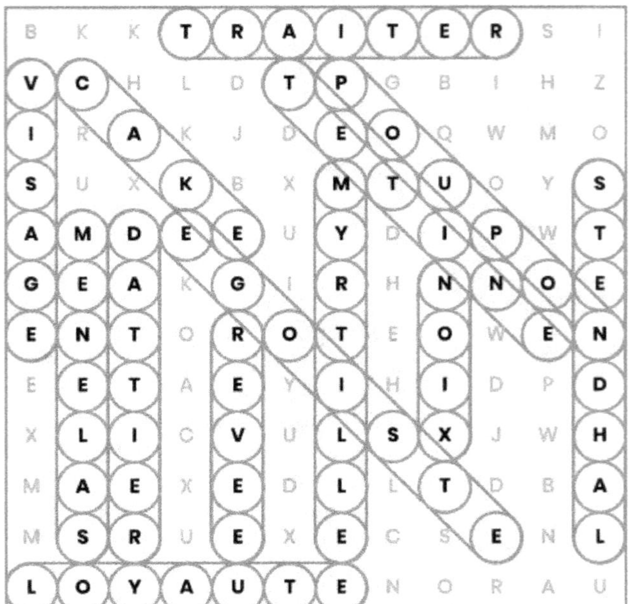

Puzzle 23 - Solution

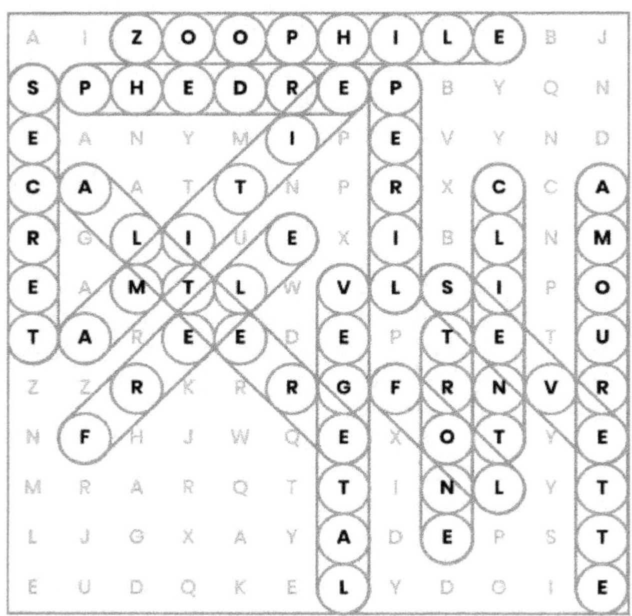

Puzzle 24 - Solution

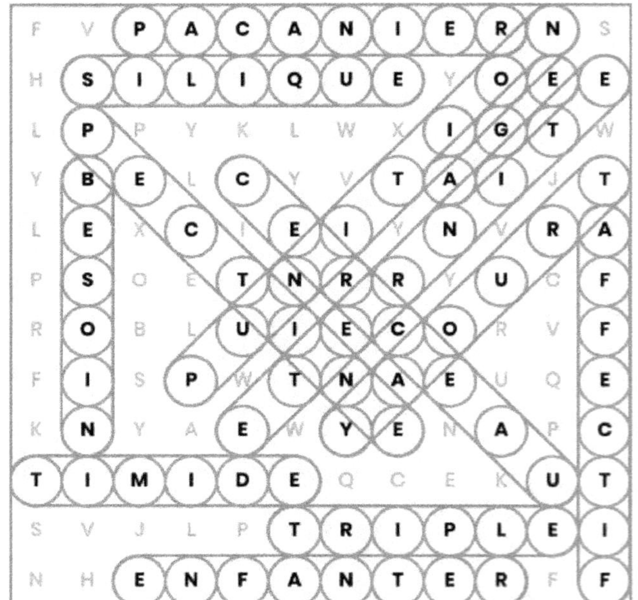

Puzzle 25 - Solution

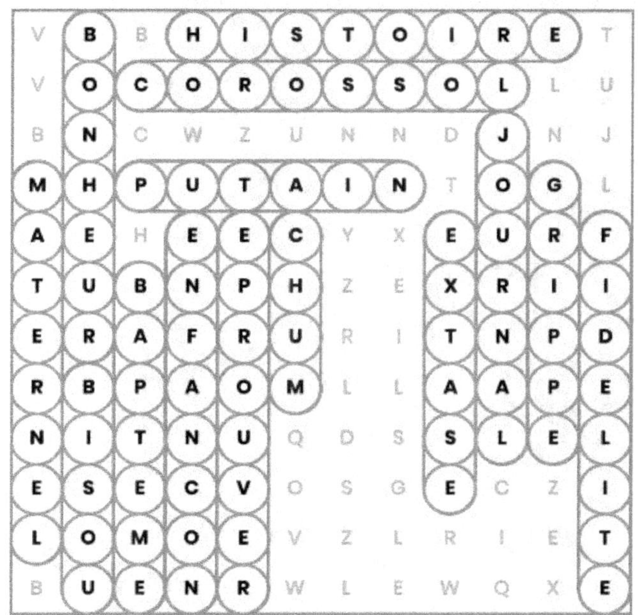

Puzzle 26 - Solution

M	G	R	E	L	U	C	H	E	R	K	C
A	B	D	S	P	A	R	E	N	T	R	C
R	E	M	Y	J	A	S	C	E	S	E	Q
A	V	I	N	L	Z	I	Z	R	J	P	S
T	M	E	M	L	O	F	M	A	R	I	E
R	N	O	C	O	U	V	E	U	S	E	U
E	N	P	B	E	A	K	E	E	N	Y	T
P	P	I	M	A	M	H	T	E	X	U	S
U	T	J	E	K	J	I	A	U	M	N	D
T	I	I	O	C	L	I	O	U	K	G	C
Y	L	S	W	A	E	T	A	W	V	L	Y
R	O	C	D	U	R	I	A	N	N	Z	K

Puzzle 27 - Solution

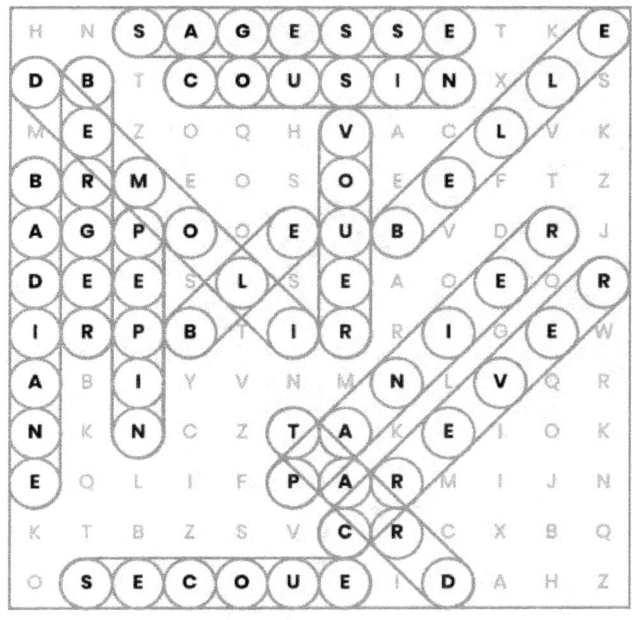

Puzzle 28 - Solution

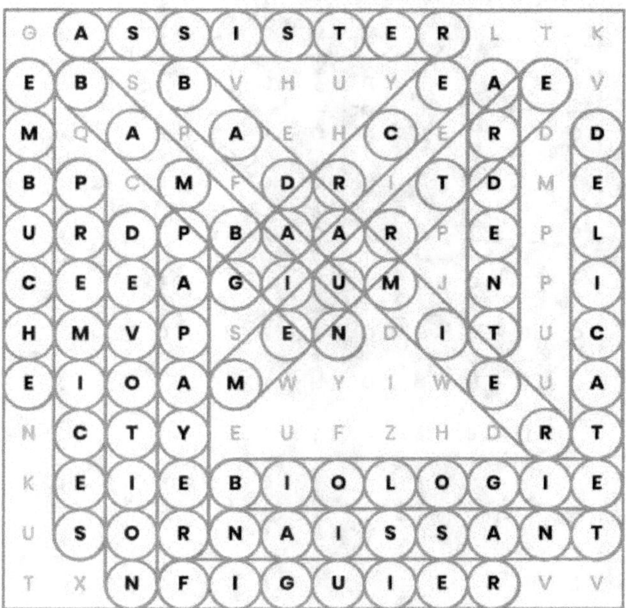

Puzzle 29 - Solution **Puzzle 30 - Solution**

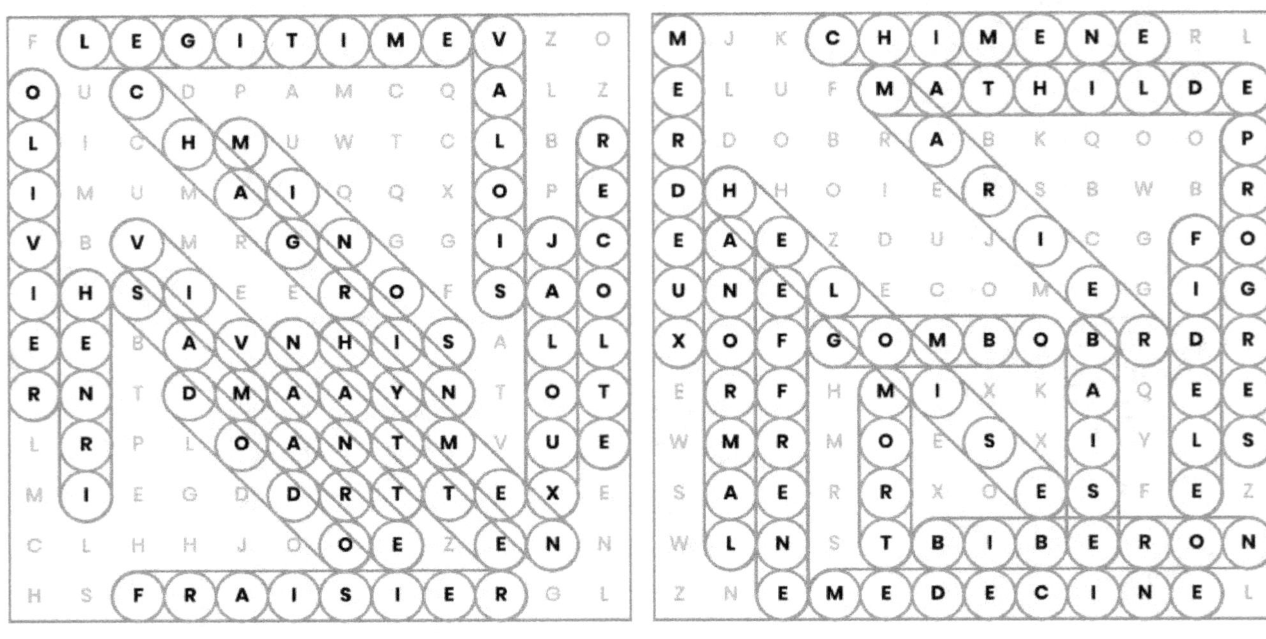

Puzzle 31 - Solution **Puzzle 32 - Solution**

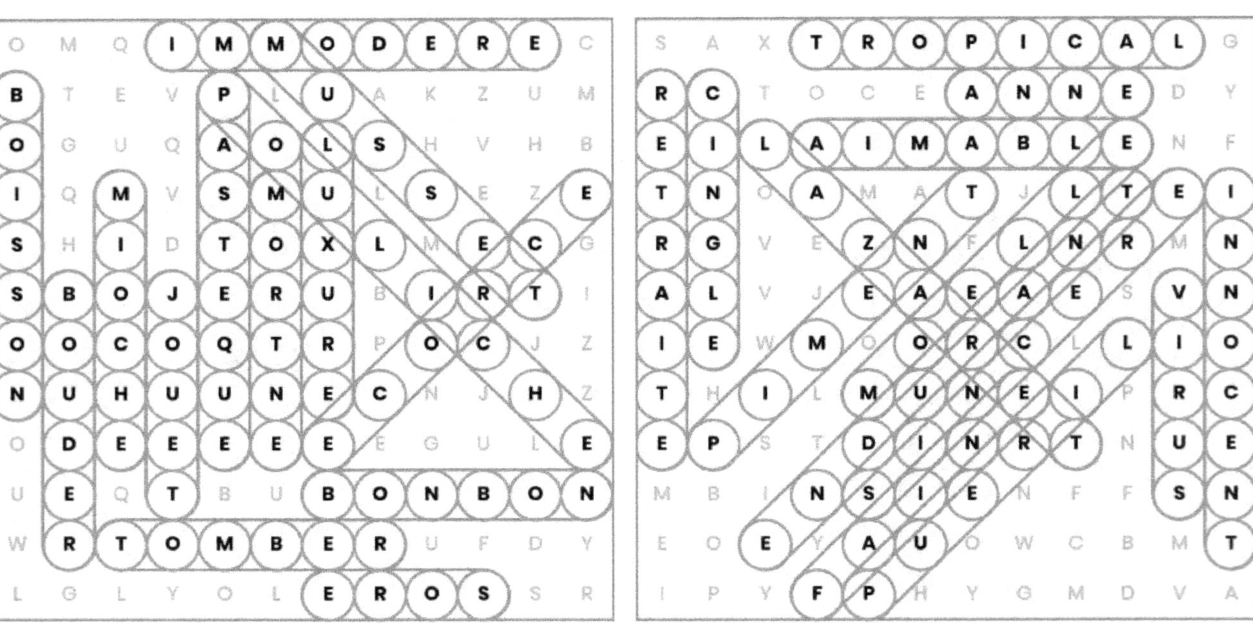

Puzzle 33 - Solution

S	B	Q	R	V	A	R	I	O	L	E	D
B	E	N	S	A	T	T	E	I	N	T	E
R	W	W	I	U	G	F	A	U	M	S	G
I	U	Y	S	R	R	I	E	L	M	F	R
E	C	S	V	E	K	V	I	W	A	P	O
V	P	A	V	J	M	F	I	M	N	R	T
E	N	L	G	A	S	A	Z	E	G	I	A
T	R	E	C	S	Z	Z	I	Y	U	S	N
E	G	O	S	O	H	W	F	N	I	O	T
B	Z	N	N	N	C	V	K	W	E	N	L
E	L	K	A	C	T	I	O	N	R	K	T
D	U	A	R	T	E	I	J	A	M	K	L

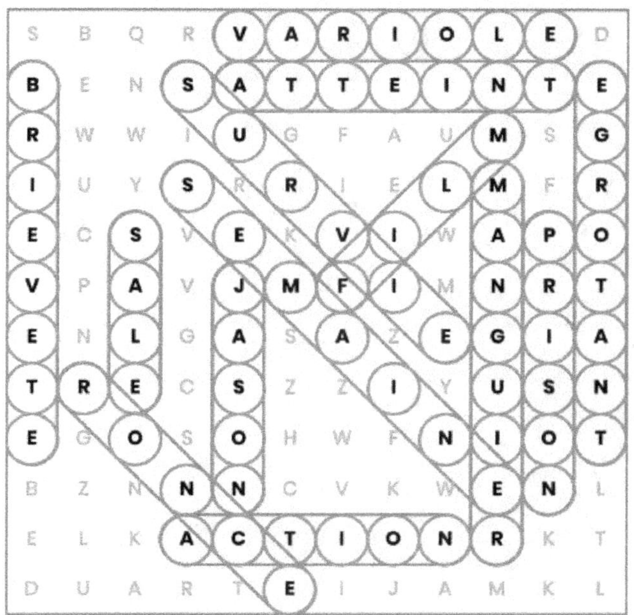

Puzzle 34 - Solution

P	B	E	G	F	G	I	B	R	G	B	S
Q	G	A	V	K	S	A	Z	R	Q	G	B
B	I	E	N	S	B	W	R	U	J	A	V
L	V	E	J	M	X	A	G	C	T	L	X
E	A	P	M	U	I	I	L	E	O	A	N
Z	R	R	E	Y	S	G	B	X	E	N	O
M	I	O	N	I	Z	R	N	X	T	T	Y
C	E	M	T	L	O	O	A	O	H	E	A
V	T	E	A	S	I	S	M	A	N	R	U
Z	E	O	L	H	E	R	D	W	P	I	F
S	Z	K	V	D	A	V	G	H	U	E	G
C	N	L	D	M	H	J	E	A	L	J	R

Puzzle 35 - Solution

P	Y	H	W	D	M	F	C	B	G	A	U
S	A	S	E	V	R	E	H	T	U	J	I
A	N	K	U	T	Y	B	P	E	E	E	N
C	G	T	S	D	I	E	Z	N	R	P	F
R	E	T	E	A	C	G	W	D	I	R	I
I	Y	A	X	N	I	H	E	R	S	O	D
F	X	A	M	F	D	G	A	E	O	D	E
I	L	Q	Z	O	L	R	N	N	N	U	L
E	I	M	Y	F	U	O	E	E	T	I	I
R	Z	Z	T	E	N	R	R	S	E	T	T
S	E	J	V	E	U	F	D	A	S	F	E
W	F	X	W	D	G	Y	Q	F	L	E	P

Puzzle 36 - Solution

L	O	U	I	S	E	Z	E	R	Z	X	B
X	L	A	X	S	B	H	E	L	E	N	E
I	I	H	N	U	I	I	Y	G	L	F	W
T	Q	S	F	J	W	G	A	X	M	L	R
D	U	A	A	M	O	I	N	V	H	E	V
O	E	R	L	N	R	U	X	E	R	U	E
C	U	M	B	A	I	D	O	T	E	R	N
T	R	E	M	R	D	M	U	Z	I	E	T
E	G	N	X	C	O	E	A	J	A	T	O
U	Q	T	V	F	R	K	M	L	G	T	U
R	J	T	O	P	I	Q	U	E	V	E	S
V	E	R	O	T	I	S	M	E	G	Y	E

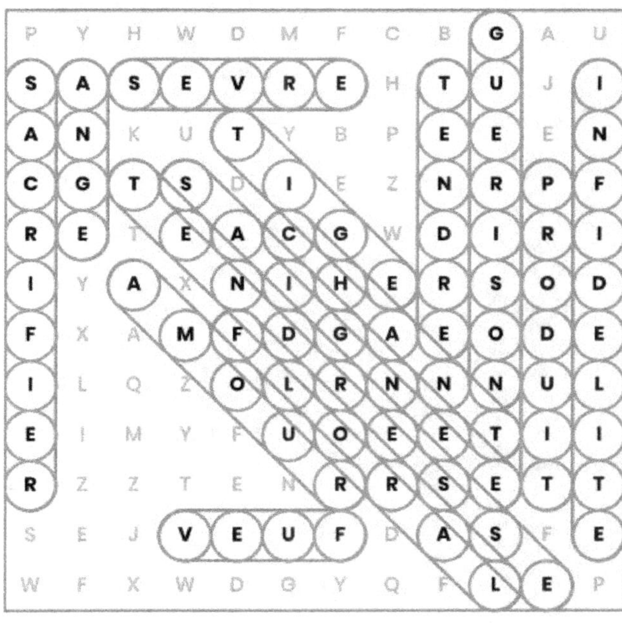

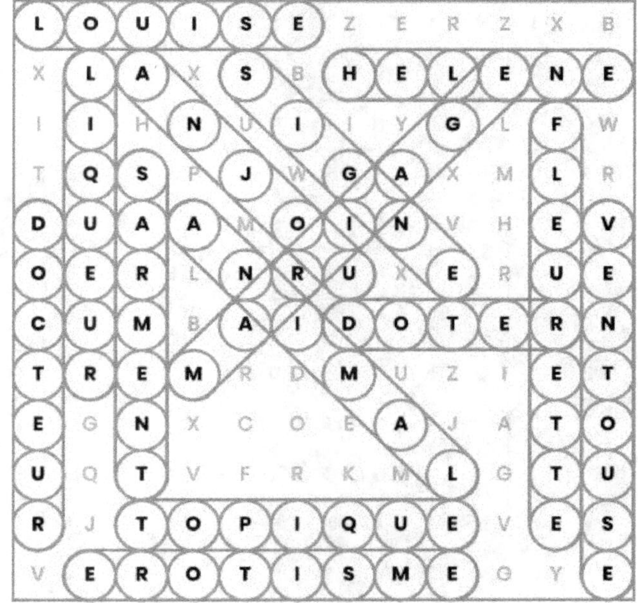

Puzzle 37 - Solution

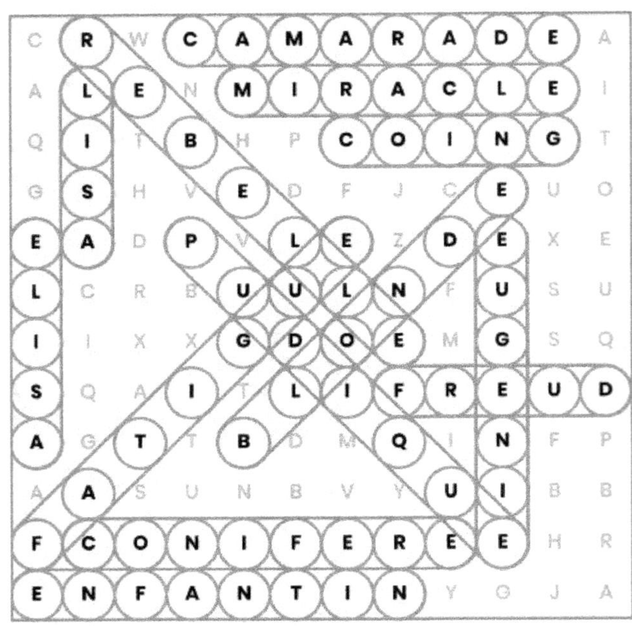

Puzzle 38 - Solution

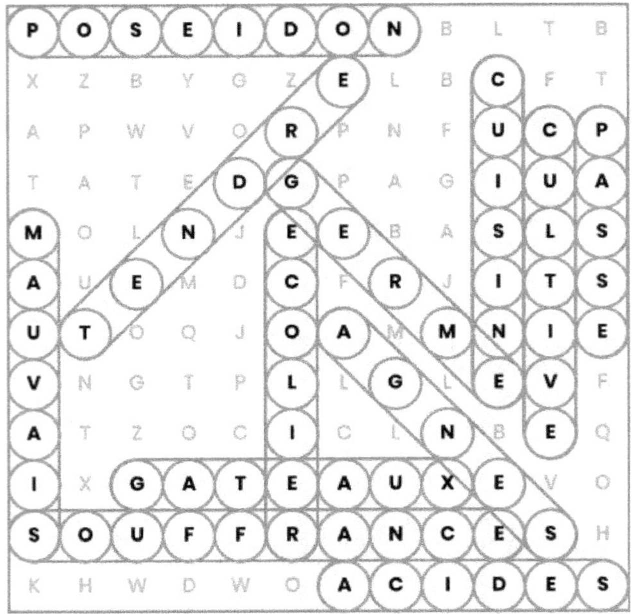

Puzzle 39 - Solution

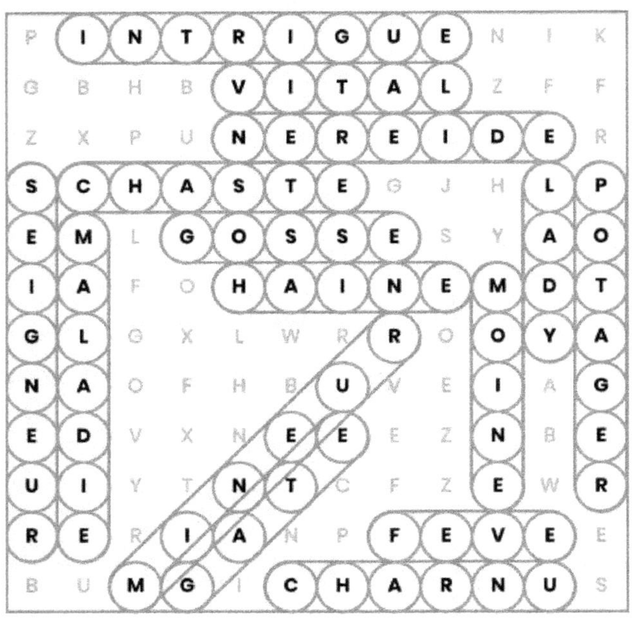

Puzzle 40 - Solution

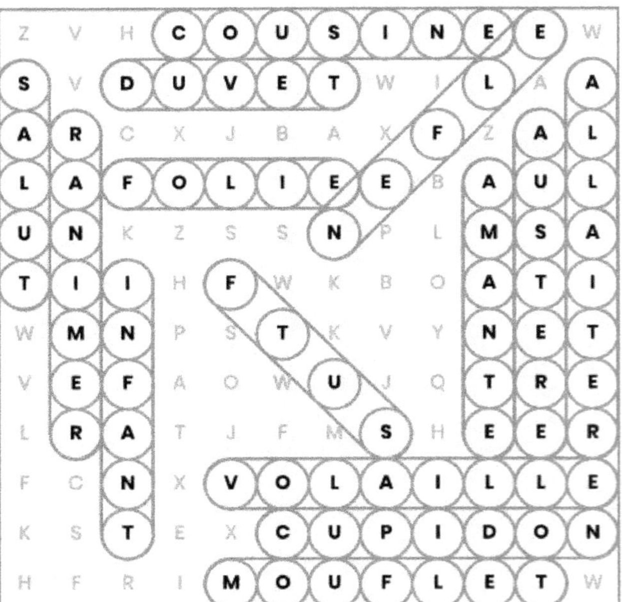

Puzzle 41 - Solution

T	C	B	C	B	V	N	M	T	F	U	K
S	H	C	J	X	P	S	I	N	E	S	G
O	A	Z	A	N	F	F	E	N	W	V	O
I	S	S	Y	R	N	L	G	O	L	I	T
G	T	A	E	O	O	A	A	T	I	O	H
N	E	Q	C	M	P	U	E	M	Q	L	E
A	H	G	E	M	E	V	B	Z	M	E	R
N	X	E	O	G	E	N	B	E	E	E	A
T	F	C	N	H	Z	Z	C	T	A	S	P
X	I	J	C	E	T	M	N	E	D	Q	I
K	D	I	A	C	H	A	R	N	E	L	E
I	N	C	O	N	S	T	A	N	C	E	P

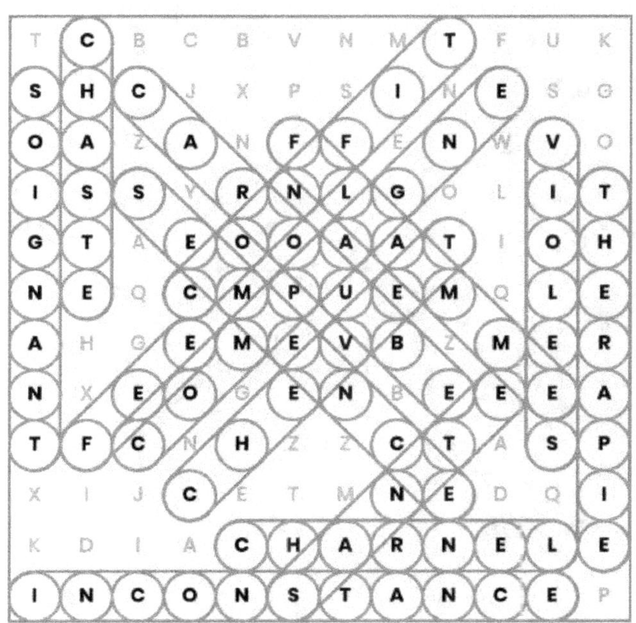

Puzzle 42 - Solution

L	U	G	R	I	I	P	X	E	P	E	M
A	V	A	N	I	L	L	E	X	T	F	F
N	T	W	A	Y	C	H	M	L	U	A	P
E	C	R	H	N	R	A	U	C	R	M	A
C	L	L	I	R	I	D	D	A	O	O	F
D	S	H	A	S	A	M	I	E	N	U	F
O	J	I	C	S	T	P	E	O	T	R	E
T	D	M	E	C	M	A	C	R	R	E	C
E	F	A	I	A	R	E	N	Y	M	U	T
X	O	M	H	I	L	X	L	A	L	X	I
J	Q	C	J	J	O	R	A	N	G	E	V
C	P	Z	P	E	N	C	H	A	N	T	E

Puzzle 43 - Solution

D	F	B	C	V	E	F	N	L	X	I	Y
E	J	F	A	T	B	P	M	U	L	G	N
M	I	R	N	N	R	G	E	T	O	V	J
O	P	A	J	X	A	H	P	I	K	H	B
R	L	M	R	E	M	N	R	N	C	O	E
P	M	O	U	R	I	R	I	A	Q	R	V
I	A	L	M	L	F	H	S	E	D	A	V
O	L	I	L	D	O	E	Y	N	R	C	A
N	A	E	K	G	B	B	E	M	A	E	O
S	D	R	V	D	M	G	P	C	E	Y	P
D	E	E	C	H	A	R	M	E	C	N	H
L	G	C	D	A	U	T	I	S	T	E	E

Puzzle 44 - Solution

N	Z	C	O	U	R	E	U	S	E	M	R
T	Q	J	M	E	D	E	C	I	N	K	S
O	F	P	O	U	L	E	T	T	E	E	N
J	P	Q	X	B	L	I	N	Y	E	Q	J
C	V	E	V	C	E	A	F	R	Y	M	E
I	L	I	Y	R	F	A	U	A	R	A	S
F	W	C	G	N	U	D	U	I	U	R	U
A	E	A	E	N	H	A	B	T	P	I	S
Q	D	M	J	G	E	R	M	F	E	A	E
N	S	O	M	L	V	K	N	A	F	G	M
F	Q	U	J	E	W	M	X	S	N	E	H
X	A	R	X	I	A	K	J	Z	L	T	G

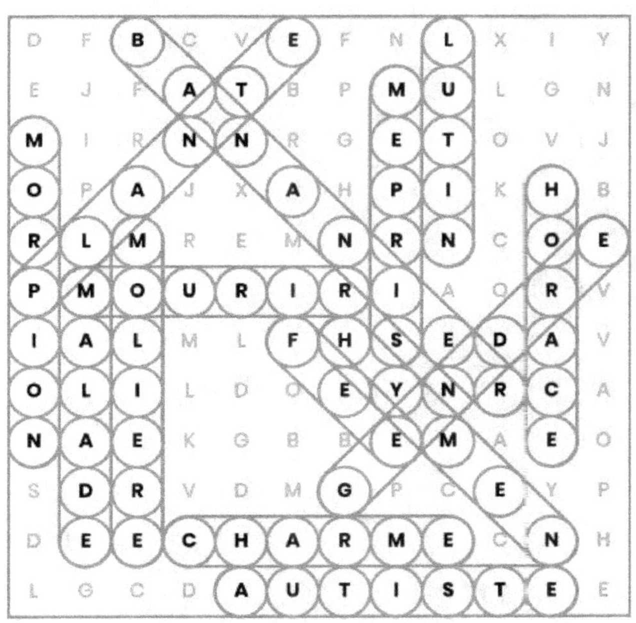

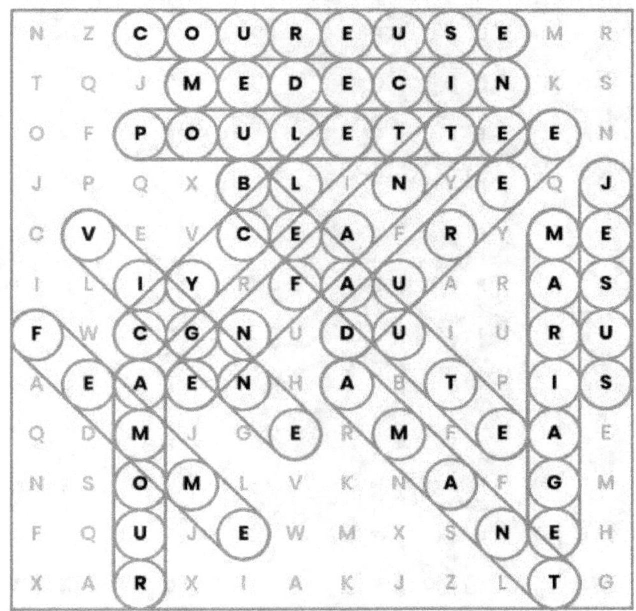

Puzzle 45 - Solution **Puzzle 46 - Solution**

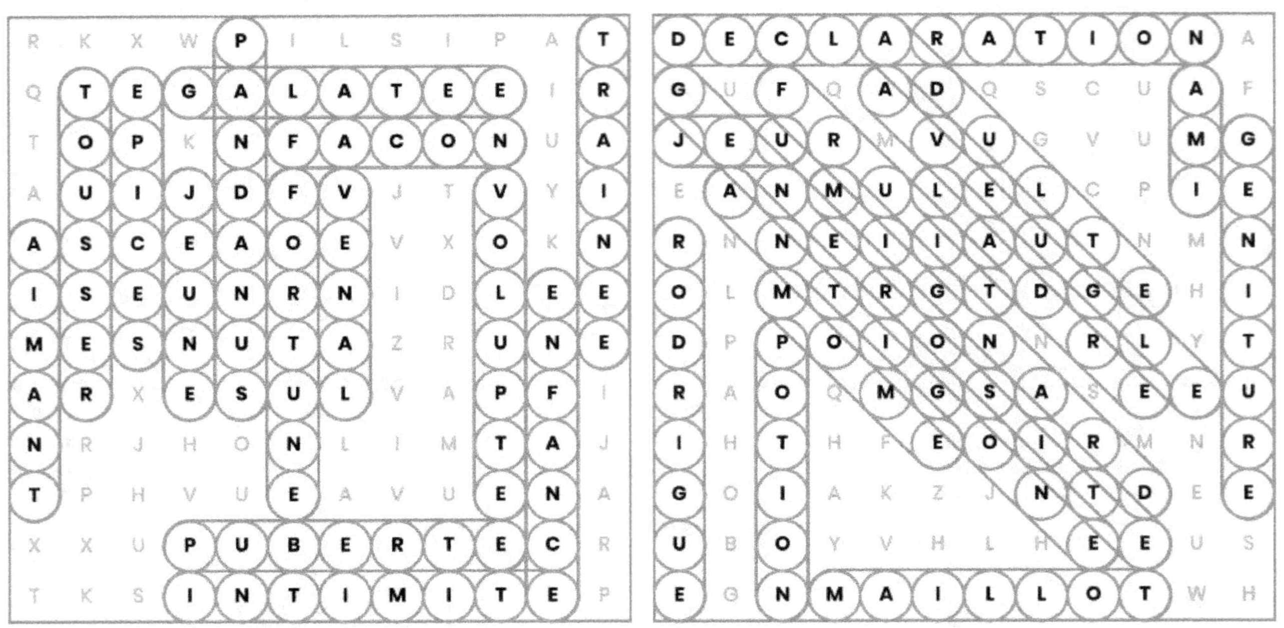

Puzzle 47 - Solution **Puzzle 48 - Solution**

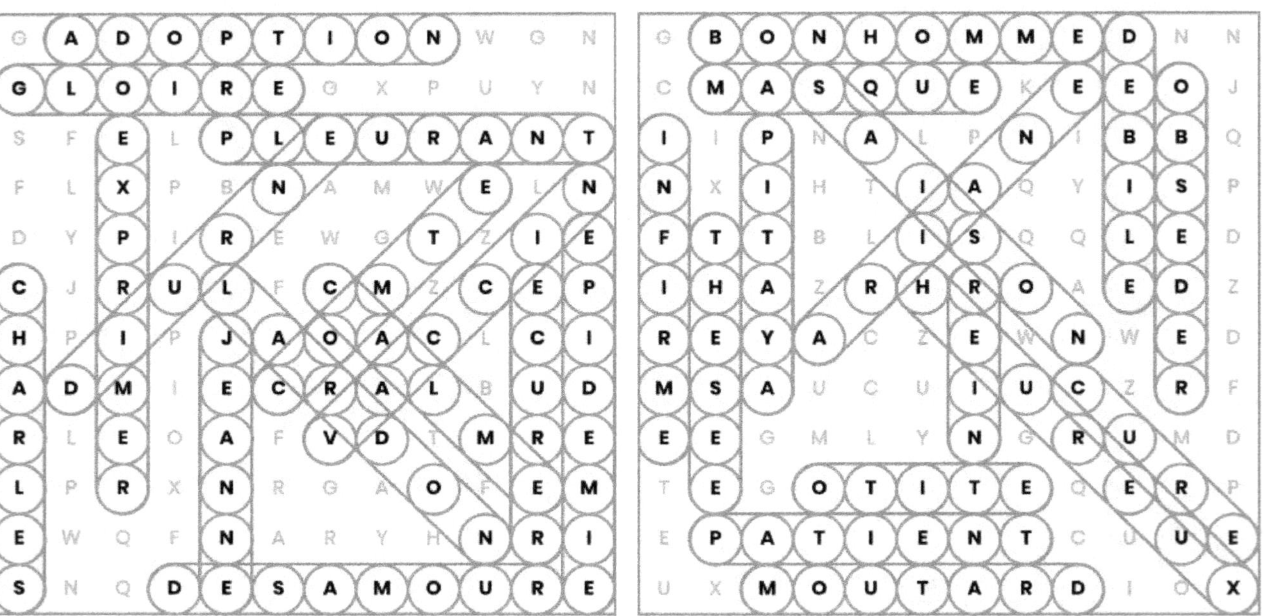

Puzzle 49 - Solution

C	I	R	E	J	E	T	O	N	U	L	O
T	Y	F	F	S	A	G	E	S	S	E	X
C	P	B	E	R	A	B	L	E	D	X	A
A	N	A	E	E	P	O	U	S	E	U	E
S	D	C	S	A	C	Y	L	X	T	E	E
S	E	P	F	S	U	A	X	N	S	F	G
I	P	P	U	I	A	T	N	S	A	P	O
S	R	J	K	C	B	G	E	C	A	J	I
K	I	J	H	E	E	E	E	V	E	W	S
H	M	B	G	K	D	L	B	P	Z	R	M
W	E	A	B	D	T	P	L	P	Y	H	E
V	I	A	T	I	Q	U	E	E	S	N	C

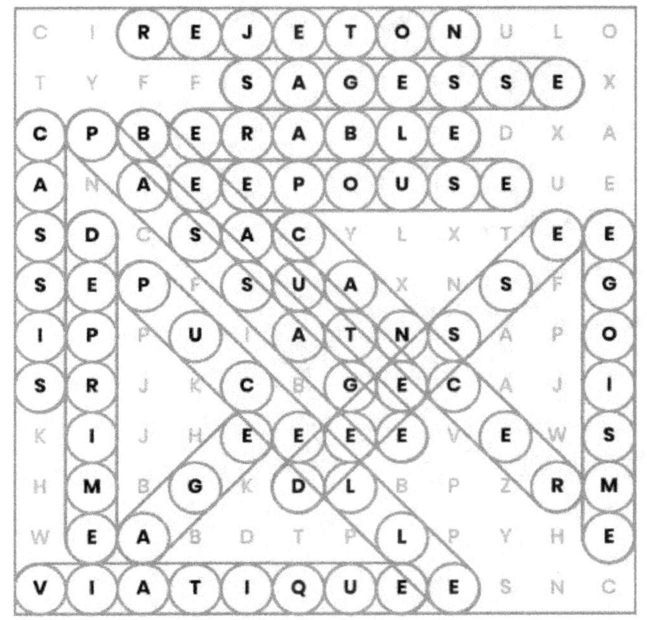

Puzzle 50 - Solution

L	C	A	I	T	Z	P	O	U	L	E	J
F	Z	P	A	T	T	P	B	P	E	J	I
E	Q	O	B	I	X	G	A	E	E	D	P
M	N	L	L	W	C	N	S	M	R	E	B
E	A	L	Y	X	E	U	I	A	T	G	L
L	T	O	J	I	O	N	T	I	Q	L	I
L	U	N	H	L	A	A	S	X	L	I	M
E	R	C	A	N	B	I	L	Q	L	H	E
R	E	J	I	S	V	Z	Z	C	I	K	T
J	U	M	E	A	U	Y	A	S	H	F	T
R	X	Z	A	P	H	R	O	D	I	T	E
R	H	Y	U	W	B	E	G	A	Y	E	R

Puzzle 51 - Solution

Y	C	G	Z	Q	X	Q	R	K	N	Z	M
G	O	F	S	A	X	E	E	E	E	P	Z
I	R	I	N	U	L	L	N	C	R	R	P
S	Z	R	O	G	L	I	I	I	A	I	O
P	V	P	N	I	A	R	L	N	F	M	E
O	E	I	F	R	R	L	A	D	F	E	T
M	C	I	G	U	I	D	E	I	A	U	I
M	F	M	O	E	E	U	P	G	I	R	Q
I	Z	N	U	L	G	H	R	E	R	L	U
E	E	C	O	N	C	J	F	N	E	M	E
R	L	J	I	F	X	K	P	T	R	U	Q
U	O	D	A	E	T	R	E	I	N	T	E

Puzzle 52 - Solution

M	P	L	A	I	S	I	R	R	E	P	Z
I	J	D	V	E	E	D	S	U	Q	X	I
G	U	T	N	V	C	C	Q	E	W	R	H
N	T	Z	A	B	V	A	H	K	D	E	L
O	E	V	D	E	R	C	I	E	L	U	M
N	U	L	R	T	O	A	O	F	O	S	A
N	X	U	A	R	M	T	R	I	N	S	T
E	M	P	V	U	Z	A	D	R	G	I	U
E	S	A	E	K	U	K	S	A	U	R	R
V	G	N	W	A	C	L	O	O	E	S	I
A	P	A	N	T	E	R	O	S	R	Y	T
Q	H	O	G	R	A	N	D	I	R	R	E

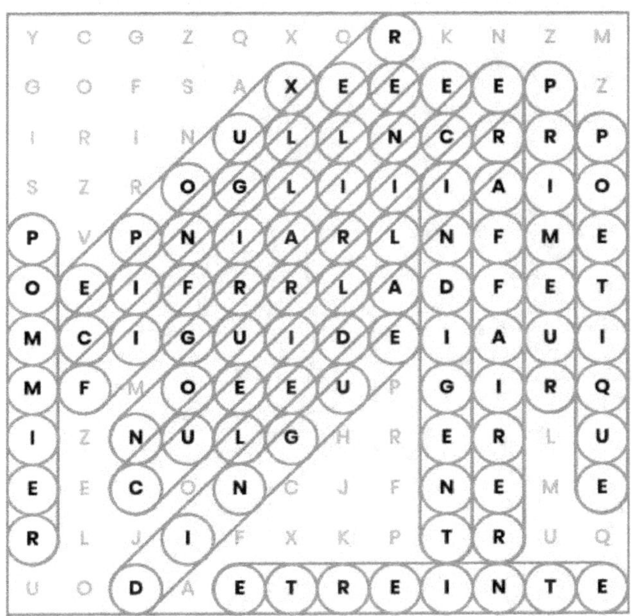

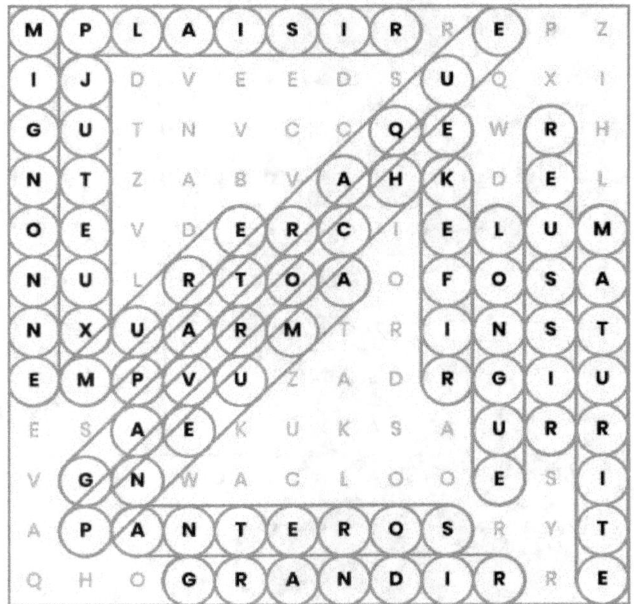

Puzzle 53 - Solution

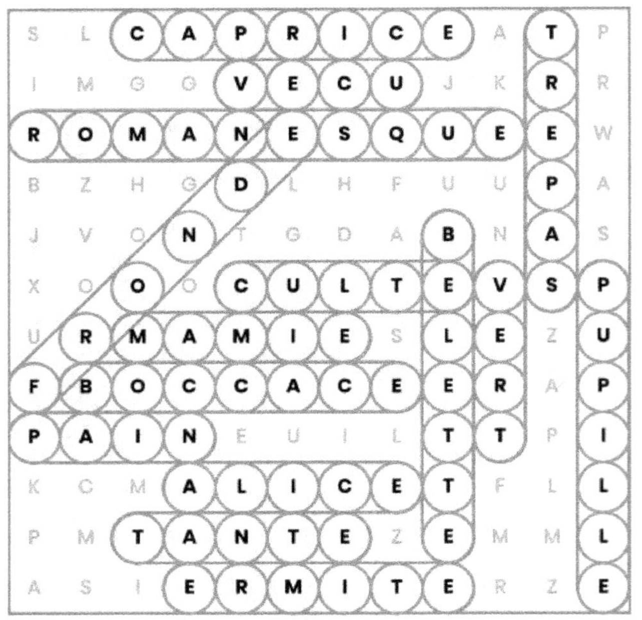

Puzzle 54 - Solution

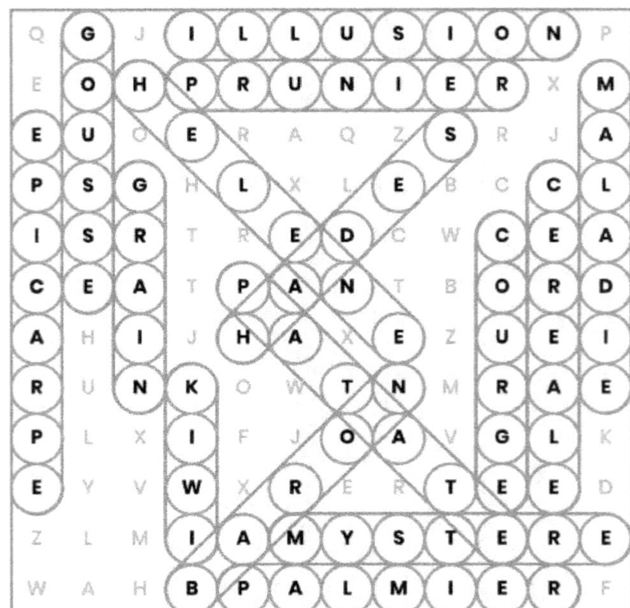

Puzzle 55 - Solution

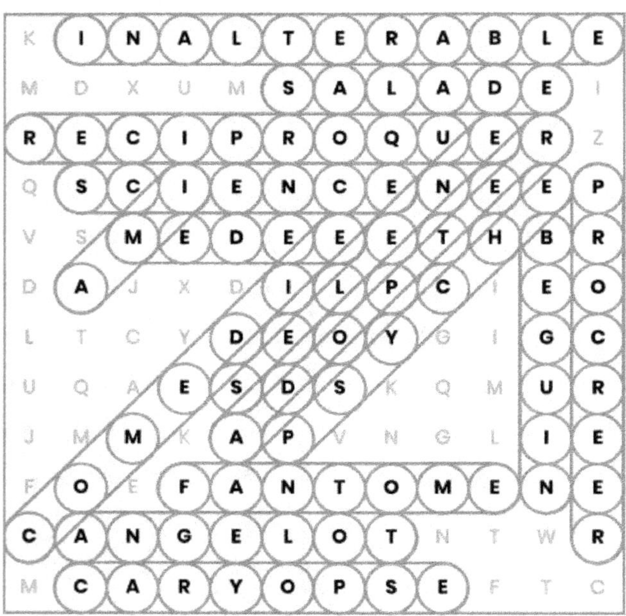

Puzzle 56 - Solution

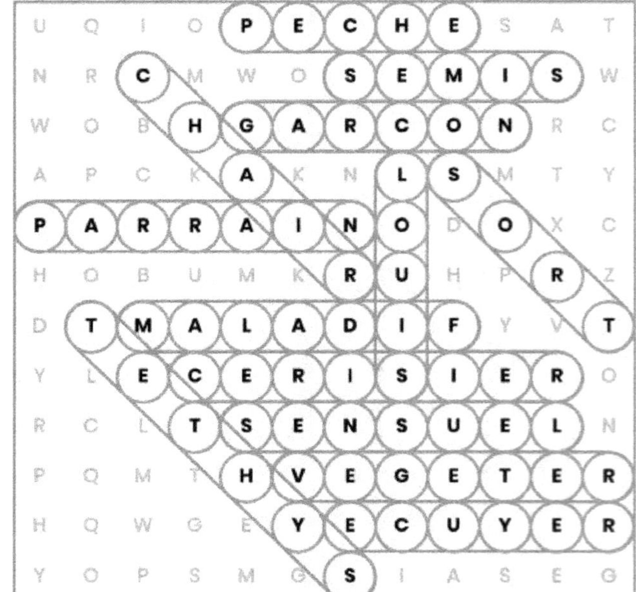

Puzzle 57 - Solution

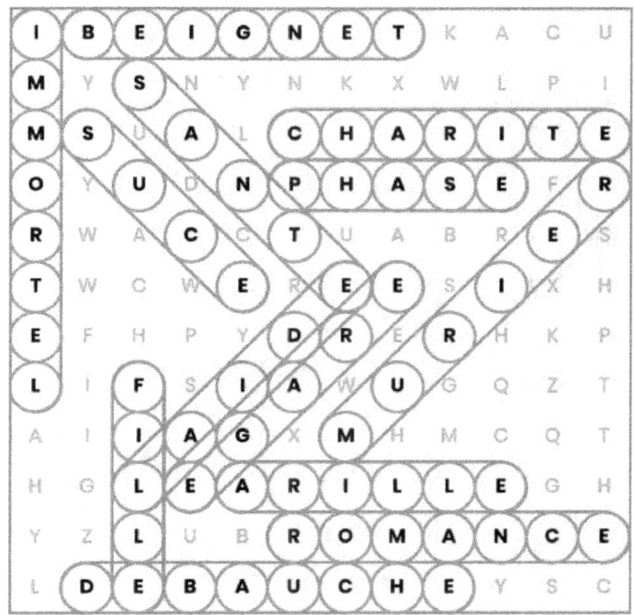

Puzzle 58 - Solution

F	R	U	I	T	I	E	R	Q	L	S	W
B	W	F	I	P	X	D	H	D	U	T	P
H	E	R	O	I	N	E	X	Y	G	I	J
M	A	V	Z	A	V	A	R	I	E	M	A
M	B	G	E	E	G	V	H	U	W	B	U
Z	O	V	A	F	S	K	C	M	N	R	R
F	U	E	A	L	T	T	E	X	E	E	S
O	R	R	A	N	E	T	E	O	I	R	M
Y	B	G	Z	H	S	U	A	H	G	T	E
M	O	E	V	E	R	N	X	U	A	M	A
F	N	R	P	C	A	B	O	S	S	E	E
C	D	U	H	O	U	X	M	X	P	G	P

Puzzle 59 - Solution

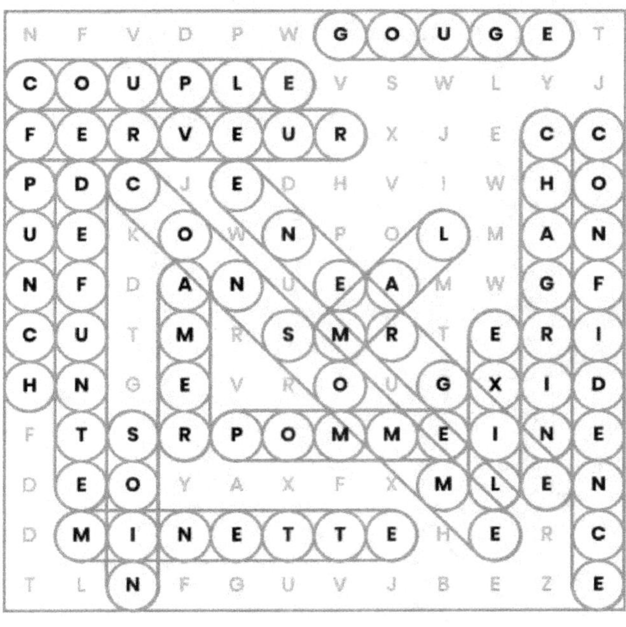

Puzzle 60 - Solution

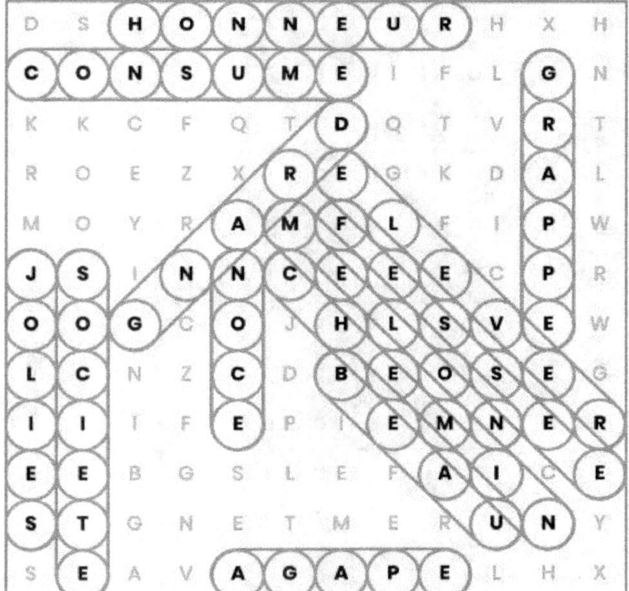

Puzzle 61 - Solution

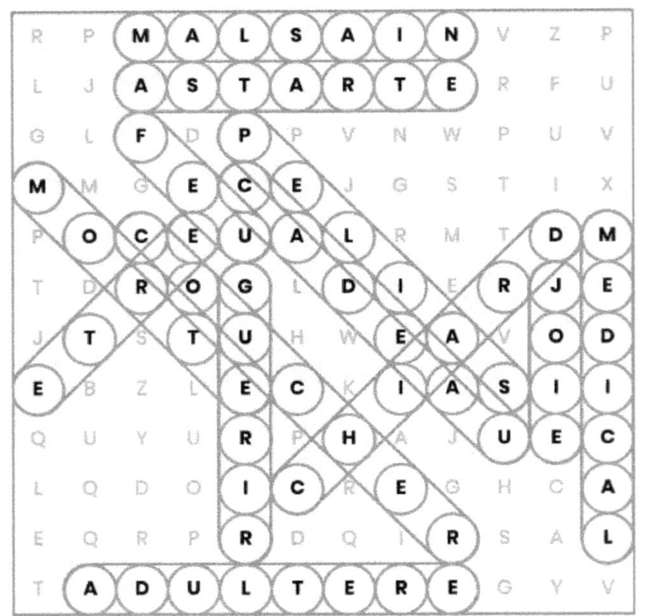

Puzzle 62 - Solution

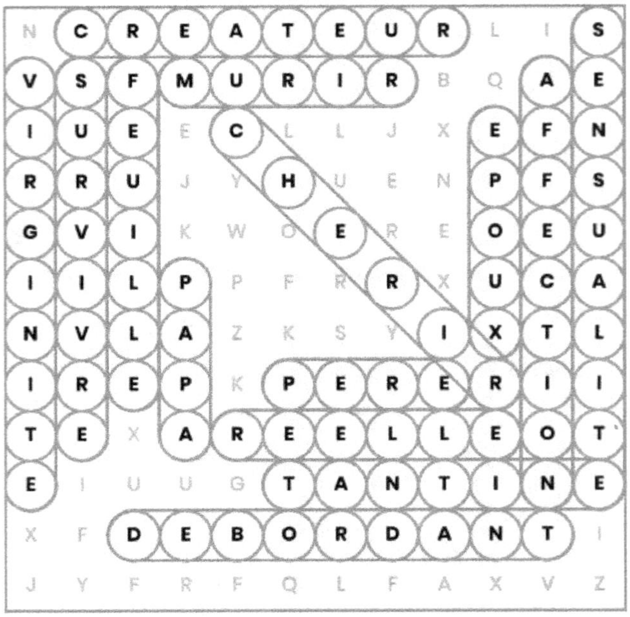

N	C	R	E	A	T	E	U	R	L	I	S
V	S	F	M	U	R	I	R	B	Q	A	E
I	U	E	E	C	L	L	J	X	E	F	N
R	R	U	J	Y	H	U	E	N	P	F	S
G	V	I	K	W	O	E	R	E	O	E	U
I	I	L	P	P	F	R	R	X	U	C	A
N	V	L	A	Z	K	S	Y	I	X	T	L
I	R	E	P	K	P	E	R	E	R	I	I
T	E	X	A	R	E	E	L	L	E	O	T
E	I	U	U	G	T	A	N	T	I	N	E
X	F	D	E	B	O	R	D	A	N	T	I
J	Y	F	R	F	Q	L	F	A	X	V	Z

Puzzle 63 - Solution

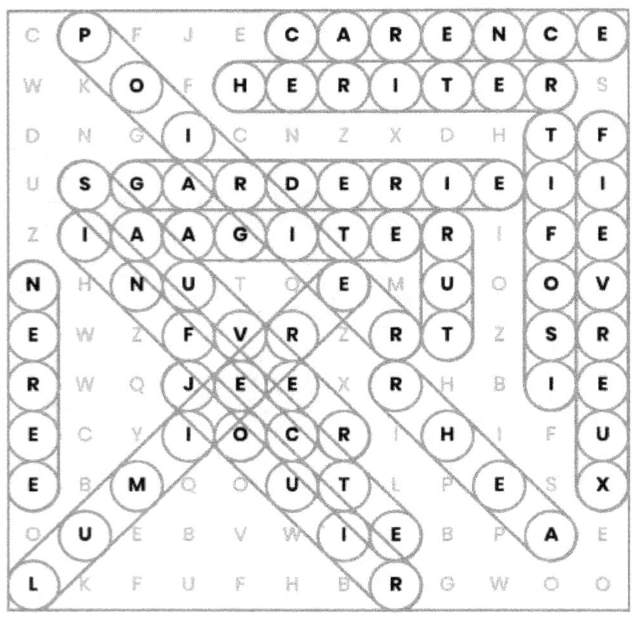

Puzzle 64 - Solution

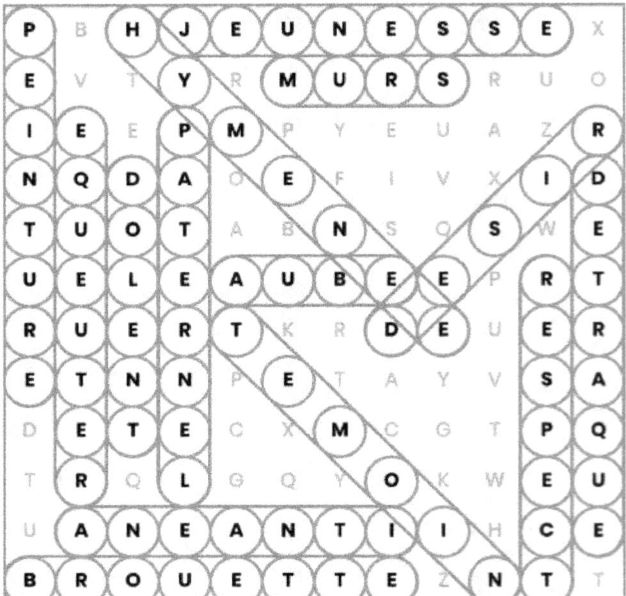

Puzzle 65 - Solution

N	Q	Q	C	J	Z	U	T	N	P	O	U
I	O	A	A	O	D	D	Q	E	P	X	N
O	Q	I	N	R	N	X	D	K	R	V	E
V	H	V	S	A	A	S	K	L	Y	R	J
A	G	F	M	E	N	C	T	U	E	R	E
I	K	W	H	I	T	A	H	A	D	D	U
R	B	Q	E	S	M	T	S	I	N	C	N
E	G	R	E	N	A	D	E	I	D	T	E
U	M	A	R	I	A	R	K	G	H	E	S
E	I	Z	S	A	I	G	N	E	R	N	S
P	J	K	G	P	H	I	L	I	P	P	E
G	A	F	F	L	I	G	E	R	Z	X	T

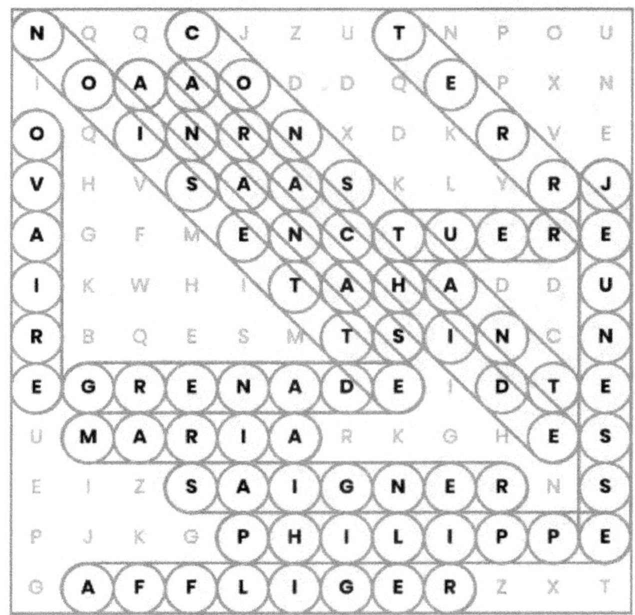

Puzzle 66 - Solution

W	A	N	G	U	D	T	Z	E	P	U	V
A	H	E	R	O	I	N	E	K	Q	W	C
W	L	O	N	M	L	P	L	T	C	V	H
P	E	I	U	D	U	G	I	W	E	E	L
R	T	X	E	O	L	F	L	U	S	G	C
I	O	B	P	N	O	G	G	Q	X	E	O
N	M	E	K	R	E	I	U	T	Q	T	M
C	B	S	P	K	F	Q	Q	I	R	A	P
E	E	T	B	Q	I	N	Q	F	D	L	O
G	J	I	C	H	A	N	S	O	N	E	T
J	Z	M	B	A	P	T	E	M	E	Q	E
R	A	E	T	E	T	Y	T	O	H	P	D

Puzzle 67 - Solution

E	Q	M	A	R	R	A	I	N	E	R	P
F	N	V	W	E	L	E	A	L	Z	M	D
F	T	T	I	B	L	G	O	Y	A	V	E
L	R	D	H	A	R	B	N	L	G	N	J
Y	Z	V	T	O	P	A	A	Q	G	U	O
R	Q	E	J	I	U	O	G	B	L	F	D
I	P	Q	W	K	L	S	U	A	I	Y	V
Q	R	L	F	H	P	R	I	L	N	L	W
U	L	B	E	Q	E	T	B	A	B	C	Y
E	R	M	O	I	S	S	O	N	S	O	E
C	P	I	T	C	H	O	U	N	W	M	T
E	O	X	C	E	R	E	S	H	A	W	E

Puzzle 68 - Solution

K	D	O	R	L	O	T	E	R	Z	Y	U
O	B	E	P	O	U	P	A	R	D	N	W
P	C	V	B	V	S	F	S	G	J	N	J
R	R	N	M	U	Z	U	B	H	U	D	U
I	H	A	M	E	T	P	J	M	W	S	L
M	G	X	I	H	N	X	U	E	E	B	I
A	G	R	D	S	Z	O	M	P	T	W	E
I	O	F	O	Z	I	A	T	K	O	U	T
R	M	U	Q	N	D	N	W	T	O	D	T
E	C	V	B	V	D	Z	D	F	E	M	E
J	H	J	E	J	X	E	A	T	G	D	L
E	R	H	O	R	K	V	R	M	R	J	C

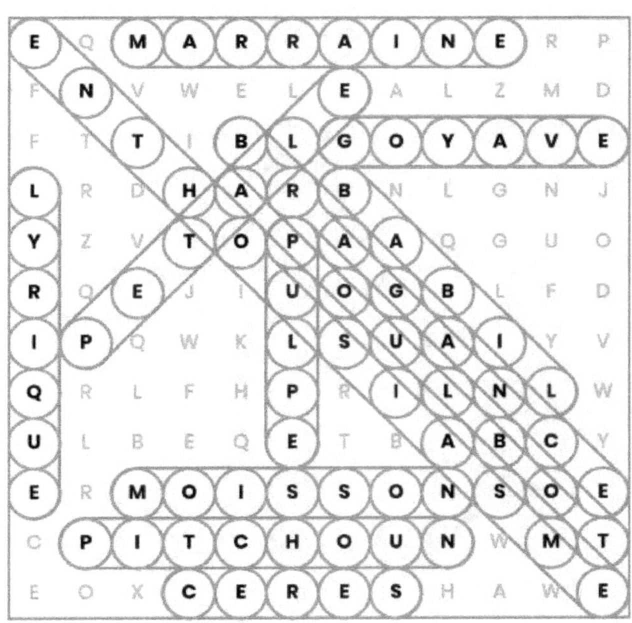

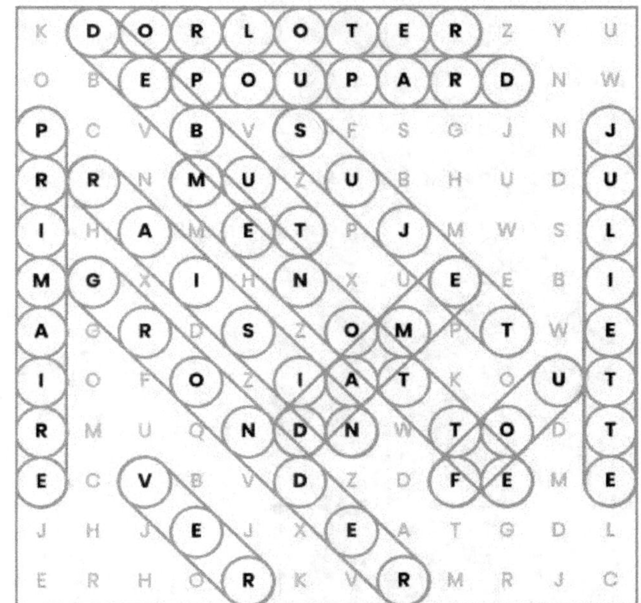

Puzzle 69 - Solution

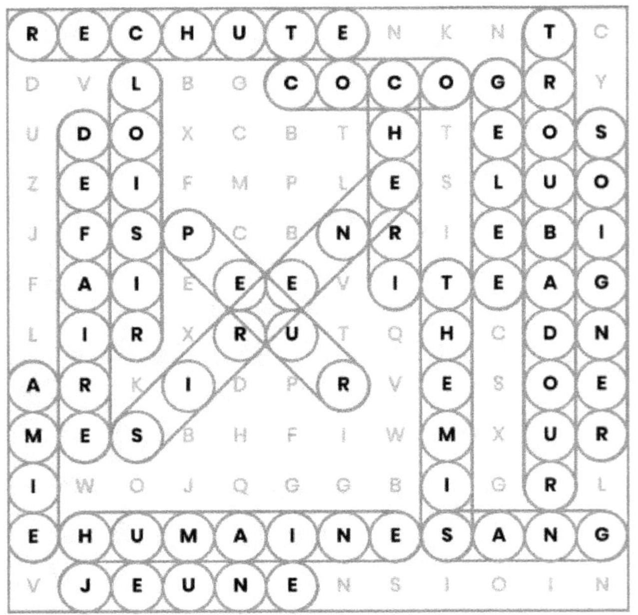

Puzzle 70 - Solution

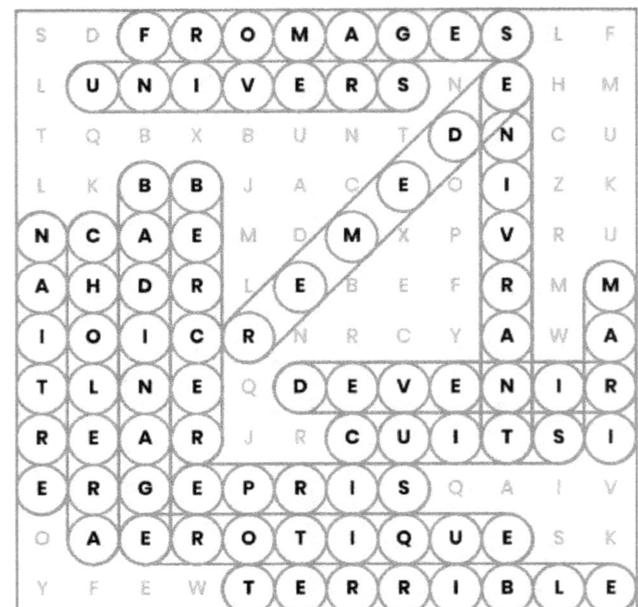

Puzzle 71 - Solution

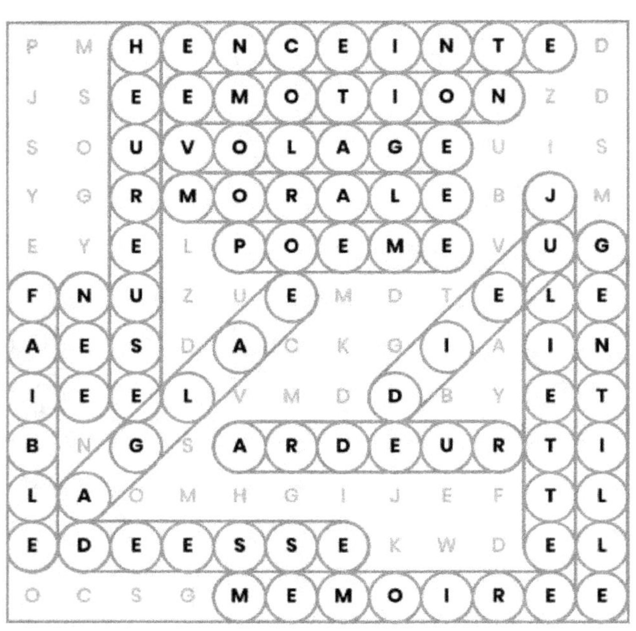

Puzzle 72 - Solution

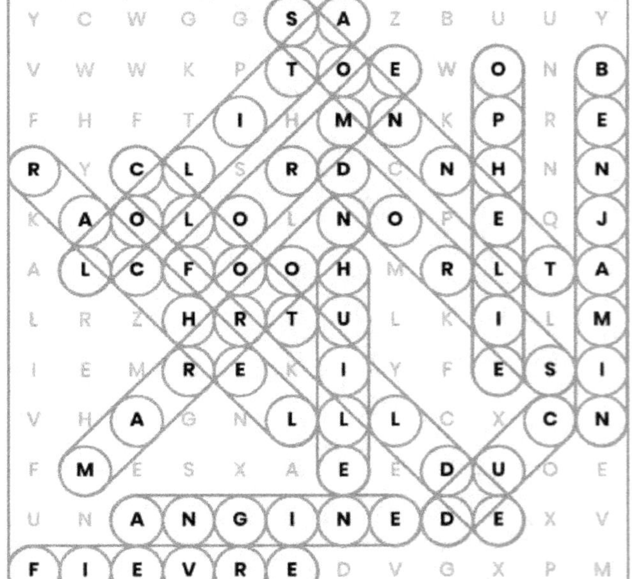

Puzzle 73 - Solution

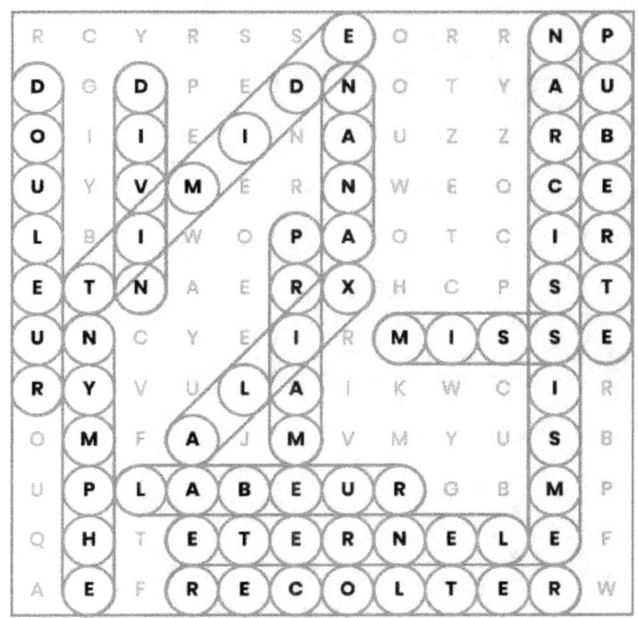

Puzzle 74 - Solution

F	K	L	V	N	E	A	N	T	S	I	X
U	Z	E	D	Y	C	X	C	O	E	A	S
R	R	V	B	O	O	A	Z	L	K	A	P
L	N	C	E	U	N	U	B	S	I	C	L
A	A	R	S	N	R	I	T	E	K	N	E
M	D	U	A	U	S	E	D	R	R	T	E
O	Z	E	R	I	C	O	U	N	O	F	N
U	S	L	A	A	N	R	U	H	F	I	G
R	N	P	U	X	C	A	E	F	U	D	V
E	R	O	U	G	E	O	L	E	I	Z	J
U	Z	C	A	R	P	E	L	L	E	J	L
X	C	F	K	N	Q	A	C	A	C	A	O

Puzzle 75 - Solution

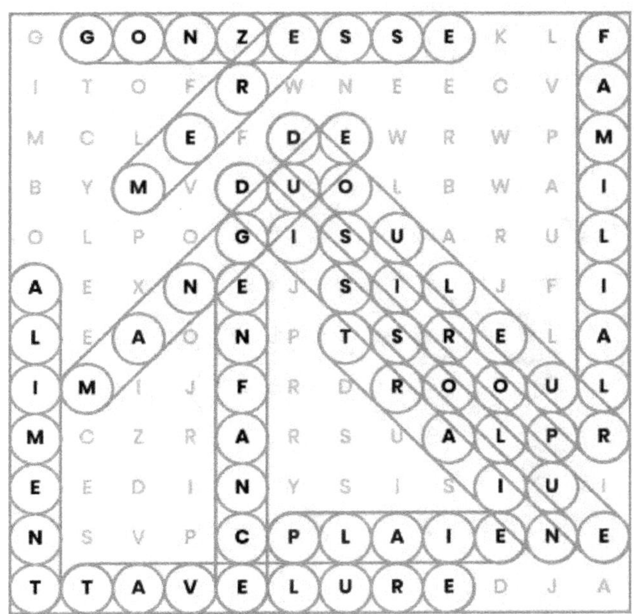

Puzzle 76 - Solution

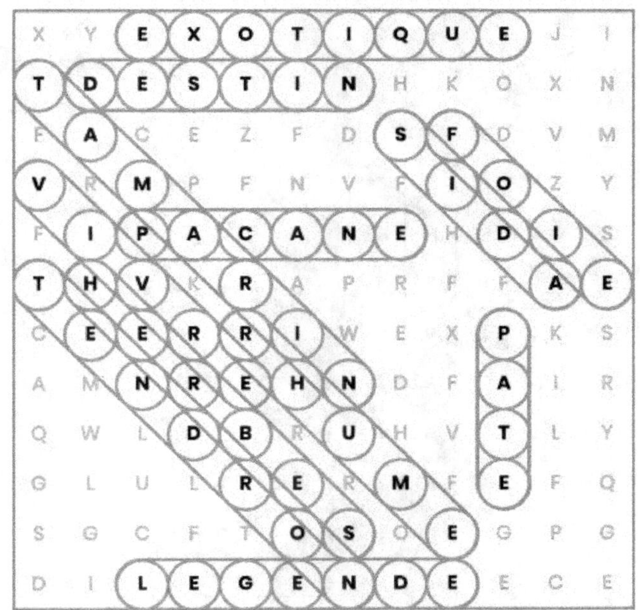

Puzzle 77 - Solution

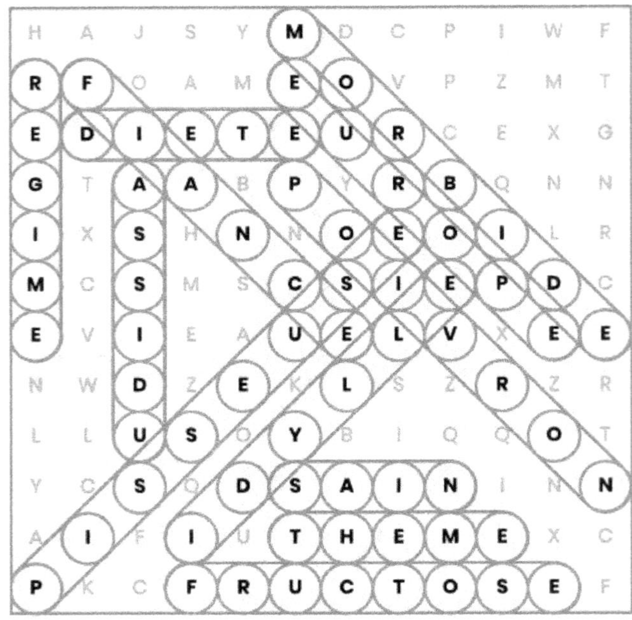

Puzzle 78 - Solution

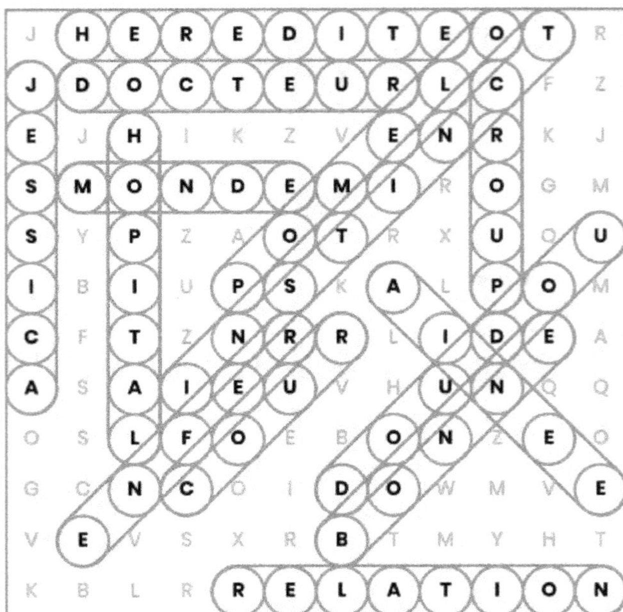

Puzzle 79 - Solution

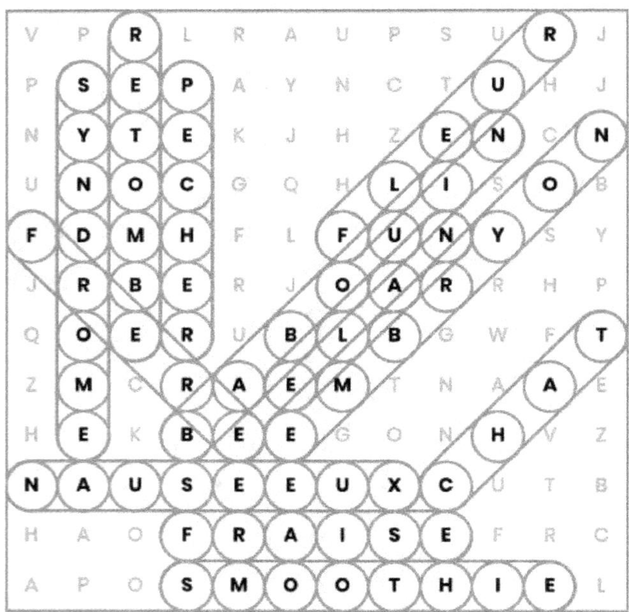

Puzzle 80 - Solution

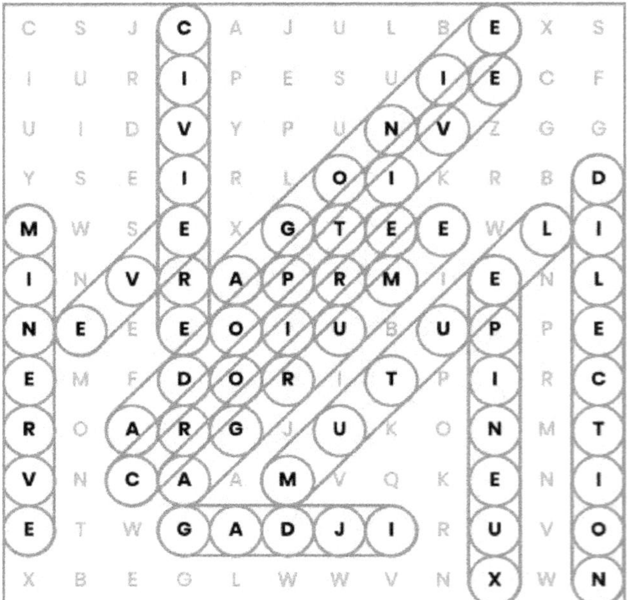

www.ingramcontent.com/pod-product-compliance
Lightning Source LLC
LaVergne TN
LVHW080816170826
845678LV00011B/2029

* 9 7 9 8 3 5 5 4 7 0 8 4 5 *